労働法と要件事実
法科大学院要件事実教育研究所報第23号

田村伸子 [編]
日本評論社

はしがき

　法科大学院要件事実教育研究所は、2024年11月23日に「労働法と要件事実・講演会」を開催しました。本書は、同講演会のための講演レジュメ、コメントなどとともに講演会当日における講演・コメント・質疑応答などのすべてを収録したものであります。

　本年度は昨年に引き続き対面開催を実施し、オンラインを併用しました。

　法科大学院要件事実教育研究所は、本講演会を開催するに当たって各方面にお出しした案内状において、本講演会開催の趣旨を次のように述べています。

　「労働法をめぐる訴訟類型には、地位確認訴訟、賃金・手当等の支払請求等の民事訴訟のみならず、仮処分、労働審判、行政機関による裁定や ADR、行政訴訟まで多様な訴訟類型があります。それらにおける要件事実論の果たす役割については、従来多くは論じられていなかったように思われます。

　また要件事実論は、訴訟における主張立証責任の所在のみならず、実体法における原則・例外という規範構造の分析解明や、紛争予防にも資するものです。民法の特別法としての位置づけが主張立証責任にどのように関わるか、労働者保護の観点だけでなく、バランスのとれた要件事実のあり方は各条文の趣旨によって微妙に異なるのであろうと考えられます。

　さらに労働法では、濫用法理、就業規則の変更法理における「合理性」といったいわゆる規範的要件・評価的要件が問題となる場面が多いといえるでしょう。その評価根拠事実、評価障害事実としてどのような事実が考えられるかという問題（ここでも原則・例外の規範構造があります）があります。また、間接事実による事実認定の問題、紛争予防法学的観点から注意すべき問題もあるように見受けられます。

　そこで、本年度は、「労働法と要件事実」というテーマで講演会を開催することといたしました。」

以上のような趣旨のもとに、労働法の分野において優れた業績を挙げておられる研究者・実務家の各位を講師・コメンテーターとしてお迎えし、上記のように、「労働法と要件事実」というテーマで講演会を開催した次第であります。

　実際に講演会を開催してみますと、労働法で問題となる要件の評価性の高さから、いかなる事実を主張立証すべきかを確定することがいかに困難であるかを理解することができ、また、実務での主張立証や事実認定においても同様の苦労をされながら法の趣旨を実現されていることを痛感する内容のご講演をいただきました。今後は、より一層、労働法分野の紛争における適正な主張立証責任の決定や事実認定の困難性も踏まえた要件事実論の議論を深める必要性を痛感しました。

　本講演会の特徴は、講師・コメンテーター各位と聴講者各位が同一のフロアーにおいて、自由に質疑応答ができるところにもありましたが、聴講者各位も、関係分野における練達の研究者・実務家ばかりでありましたため、上記議論に積極的に参加され、そのため、本講演会がいっそう充実したものとなったと考えます。

　本講演会を通じて、労働法の分野に止まらず、さまざまな分野における要件事実論（関連して事実認定論）についても多くの示唆や強い刺激が与えられました。今後の要件事実論（関連して事実認定論）の充実と発展に、本講演会が大きな役割を果たすことができたと存じます。

　本講演会が、このような形で結実することができたのは、ひとえに、多大のご尽力を賜った講師・コメンテーター・聴講者の皆様のお陰であり、この機会をお借りして、心から厚く御礼を申し上げます。

　要件事実論や事実認定論に関心を持ち、それを研究し又は実践しておられる皆様にとって、本書が非常に有益な一書として、広く読者各位にその意義が理解されて、活用されることを心から願っています。

　なお、巻末に永井洋士講師（中京大学法学部）及び山﨑敏彦教授によって作成された「要件事実論・事実認定論関連文献（2024年版）」も収録されています。重要な資料としてご参照いただければ幸いであります。

　本書が、このような形で世に出るにいたるまでには、講師・コメンテーター・聴講者・執筆者の各先生のほかにも、一々お名前を挙げることはできない

ほど、実にさまざまな方々にご支援を頂きました。関係者の皆様には心より御礼を申し上げます。また、従来と同じく引き続き、日本評論社の上村真勝氏の一方ならぬお世話になりました。ここに記して、そうした皆様方に深い謝意を表する次第であります。

2025年3月
法科大学院要件事実教育研究所所長　田村伸子

労働法と要件事実──目次

はしがき ── i

労働法と要件事実・講演会　議事録 ──────────────── 1

　講演会次第　2
　参加者名簿　4
　[開会の挨拶]　5

　[講演1] 山川隆一　7
　地位確認訴訟における解雇権濫用をめぐる要件事実
　　1　解雇権濫用法理の概要　7
　　2　「客観的に合理的な理由を欠き」と「社会通念上相当であると認められない」の関係　10
　　3　地位確認訴訟と解雇権濫用法理の要件事実（整理解雇の事案）　15
　　4　就業規則上の解雇事由の意義　16
　　5　整理解雇の4要素（要件）の要件事実　18

　[講演2] 植田　類　22
　労働契約における労働者の自由意思の要件事実的位置付けに関する
　若干の検討
　　1　問題の所在　23
　　2　自由意思要件の意義・根拠　24
　　3　最高裁判例の概観　25
　　4　自由意思要件の位置付けについての検討　27
　　5　自由意思要件の射程　30
　　6　おわりに　35

[講演3] 植田　達　36

労働契約における競業避止特約をめぐる要件事実
　Ⅰ　はじめに　36
　Ⅱ　競業避止特約に基づく請求　37
　Ⅲ　競業行為を理由とする退職金の不支給　51
　Ⅳ　おわりに　59

[コメント1] 大平健城　60

[コメント2] 倉重公太朗　68

[質疑応答]　83
[閉会の挨拶]　86

講演レジュメ ——————————————————————————— 89

講演1レジュメ
地位確認訴訟における解雇権濫用をめぐる要件事実 ……………山川隆一　90

講演2レジュメ
労働契約における労働者の自由意思の要件事実的位置付けに関する若干の検討 ………………………………………………植田　類　97

講演3レジュメ
労働契約における競業避止特約をめぐる要件事実 ……………植田　達　105

コメント ——————————————————————————————— 125

コメント1 ………………………………………………大平健城　126
コメント2 ………………………………………………倉重公太朗　131

要件事実論・事実認定論関連文献 ———————————————— 137

要件事実論・事実認定論関連文献2024年版 ……………… 永井洋士・山﨑敏彦　138
　Ⅰ　要件事実論　　138
　Ⅱ　事実認定論　　145

労働法と要件事実・講演会

議事録

講演会次第

[日　　時] 2024年11月23日（土）　午後１時00分～午後５時30分
[場　　所] 創価大学本部棟10階第４会議室
　　　　　　東京都八王子市丹木町１－236
[実施方法] 対面とZoomオンラインの併用（ハイフレックス型）開催
[主　　催] 法科大学院要件事実教育研究所
[次　　第]
　1　開会の挨拶
　　　　田村伸子（法科大学院要件事実教育研究所所長）
　2　本日の進行予定説明
　　　　平田誠一（法科大学院要件事実教育研究所助教）
　3　講演１
　　　　山川隆一（明治大学法学部教授）
　　　　「地位確認訴訟における解雇権濫用をめぐる要件事実」
　4　講演２
　　　　植田　類（裁判官・神戸地方裁判所）
　　　　「労働契約における労働者の自由意思の要件事実的位置付けに関する
　　　　　若干の検討」
　5　講演３
　　　　植田　達（明治学院大学法学部准教授）
　　　　「労働契約における競業避止特約をめぐる要件事実」
　6　コメント１
　　　　大平健城（弁護士・東京弁護士会）
　7　コメント２
　　　　倉重公太朗（弁護士・第一東京弁護士会）
　8　質疑応答

9 閉会の挨拶
　　　島田新一郎（創価大学法科大学院前研究科長）

（総合司会：田村伸子）

4

参加者名簿

〈講師〉

植田　達　　　　　　明治学院大学法学部　准教授

植田　類　　　　　　神戸地方裁判所　裁判官

山川　隆一　　　　　明治大学法学部　教授

〈コメンテーター〉

大平　健城　　　　　東京弁護士会　弁護士

倉重　公太朗　　　　第一東京弁護士会　弁護士

〈聴講者〉

加藤　聡　　　　　　第二東京弁護士会　弁護士

島田　新一郎　　　　創価大学法科大学院　教授

平田　誠一　　　　　法科大学院要件事実教育研究所　助教・東京弁護士会
　　　　　　　　　　弁護士

渡辺　寛人　　　　　法科大学院要件事実教育研究所　助教

〈司会進行〉

田村　伸子　　　　　法科大学院要件事実教育研究所　所長・創価大学法科
　　　　　　　　　　大学院　教授

　＊聴講者については、質疑をされた方のみ、その了解を得て氏名を掲載する。

労働法と要件事実・講演会　議事録

田村伸子　それでは定刻になりましたので、ただいまより労働法と要件事実・講演会を開催いたします。本日の司会進行を務めます、法科大学院要件事実教育研究所所長の田村伸子と申します。

　まず初めに、私のほうから開会のあいさつということで、一言申し上げさせていただきます。

［開会の挨拶］

　本日はお忙しいところ、多数の先生方にご参加いただき、主催者として大変にうれしく思います。ありがとうございます。講師をお引き受けいただいた、明治大学の山川隆一先生、神戸地方裁判所の植田類先生、明治学院大学の植田達先生、またコメンテーターをお引き受けいただきました、弁護士の倉重公太朗先生、同じく弁護士の大平健城先生には、格別の御礼を申し上げます。ありがとうございます。

　法科大学院要件事実教育研究所は、全国に法科大学院が開設された2004年、平成16年に創価大学に設置され、早いもので20年を迎えることができました。初代所長である伊藤滋夫先生の元、理論と実務の架橋、法科大学院における要件事実教育をリードしようと、毎年こうした講演会を実施してまいりました。2020年度よりは小職が引き継ぎまして、本年も、小職が改めてご紹介するまでもないほど著名な先生方を講師、またコメンテーターとしてお迎えし、このように開催できることは何よりの喜びでありますし、支えてくださる皆さまに心よりの感謝を申し上げます。

　さて、本年は労働法をテーマに選びました。労働法の分野は使用者対労働者というように、いずれの側が主張立証責任を負うのかということで激しい対立構造に陥りかねない分野ではありますが、制度趣旨の理解、当該要件の本質や原則、例外といった、要件事実論の根本からの視点を踏まえたお話が聞けるの

ではないかと存じます。また、労働法の分野は濫用とか合理性といった、いわゆる評価的要件、規範的要件が多用されることも、特徴の一つでございます。要件事実論としては、非常に興味深い分野でありますので、主張立証責任の公平な分担を求めて、活発なご議論がされることを期待しております。

　以上、簡単ではございますが、開会のあいさつとさせていただきます。

　続きまして、本日の進行予定と注意事項について、法科大学院要件事実教育研究所助教の平田誠一さんのほうから、簡単にご説明いただければと思います。

　　平田誠一　法科大学院要件事実教育研究所の平田誠一と申します。本日はよろしくお願いいたします。私のほうからは本日の進行予定と注意事項につきまして、簡潔にお話をさせていただきます。事前に配布させていただいたものとしては、講師の先生方のレジュメと進行予定があるかと思います。

　まず、事前にお送りした進行予定をご確認ください。ここに記載された順序で行ってまいります。講師の先生方におかれましては、コメントを聞いて何らかのリプライをしたいということが、おありかと思います。質疑応答に入る前に長くても５分程度で、コメントに対するリプライのお時間を取りたいと思っております。

　その後、質疑応答に入ります。質疑が長くなければ、17時25分には研究科長のあいさつを頂いて、閉会ということになります。18時までには、質疑があれば時間を取っておりますので、活発にしていただけたらと思います。質疑応答の時間に質問がある場合には、ご所属と、どなたに聞きたいかということを、おっしゃっていただきたいと思います。

　本講演会の内容は、来年３月には日本評論社から出版予定です。質問された方には、年末年始と１月末頃に原稿の校正をお願いすることとなりますので、あらかじめご了承ください。また、出版のため、主催者側では録音をさせていただいています。聴講される皆さまにおかれましては、恐れ入りますが録音、録画は禁止とさせていただきます。ご協力をお願いいたします。

　本日は Zoom でのオンラインも併用しておりますので、ご聴講の先生方におかれましては、音声マイクはミュートにしてくださいますようお願いいたします。質疑をされる場合には、各自でミュートをお外しください。ビデオのオン、

オフにつきましては、講師、コメンテーターの先生方のほうで、聴講される方のお顔が見えたほうが、反応が分かって話しやすいということもあるかもしれません。可能な方はオンにしていただければと思います。ネットの環境もさまざまあるかと思いますので、基本的には皆さまにお任せしたいと思っております。

また、ホストの側のインターネットの不具合や、Zoom が途中で落ちるなどのトラブルがあるかもしれません。その際は一度ご退出いただき、2、3分後に再度、同一の URL から Zoom に入ってくださればと思います。

私のほうからは、簡単ではございますが以上で終わりたいと思います。

田村　まずは山川隆一先生から、「地位確認訴訟における解雇権濫用をめぐる要件事実」というテーマで、ご講演をお願いしたいと思います。どうぞ、よろしくお願いいたします。

　　＊講演レジュメは参加者にそれぞれ配布され、それらを参照しながら講演が行われている。本書89頁以下を参照されたい。

［講演１］
地位確認訴訟における解雇権濫用をめぐる要件事実

山川隆一　明治大学の山川と申します。どうぞよろしくお願いいたします。このような機会を与えていただき、大変ありがとうございます。本日のお話は「地位確認訴訟における解雇権濫用をめぐる要件事実」というテーマになります。解雇に対する地位確認訴訟は、労働訴訟の中でも典型的なものでありまして、解雇権濫用の要件事実もよく取り上げられております。しかしよく考えると、まだ詰められていない部分もありますので、本日はそれら未解決の論点に焦点を当てていきたいと思います。

1　解雇権濫用法理の概要

レジュメの１（本書90頁）になりますが、これは要件事実というよりは概説的なお話で、解雇権濫用法理の概要について申し上げます。まず、この法理の

起源ですが、戦前には解雇権濫用法理、ないし解雇が解雇権濫用になって無効になるという判決自体が、多分見当たらないと思います。かつてアメリカ人の研究者の方から、戦前に解雇権の濫用を認めた判決があるのかという質問を受けて調べたのですが、見当たりませんでした。解雇権濫用法理は、第二次世界大戦後になって形成された法理ということになります。

　戦争直後の雇用悪化の下で、解雇訴訟が増加しましたが、昭和20年代の前半は、それでも解雇自由説に立つ判例、裁判例があったところです。その後、下級審裁判例の蓄積の中で、権利濫用の構成が一般化していくという歴史があります（山川隆一「日本の解雇法制──歴史・比較法・現代的課題」大竹文雄ほか編『解雇法制を考える──法学と経済学の視点（増補版）』（勁草書房）3頁）。最高裁が承認するに至ったのが昭和50年代で、レジュメにあります日本食塩製造事件（最二小判昭和50・4・25民集29巻4号456頁）、それから高知放送事件（最二小判昭和52・1・31労判268号17頁）などの最高裁判例が出されて、法理として確立したと言われております。

　これが制定法とされたのは、まず、平成15年に労働基準法に設けられた18条の2という条文でした。その後、労働契約法16条に移されています。労働基準法の中に、罰則もない民事法規としての解雇権濫用の法理が置かれるのは、理論的には違和感のあることでしたが、当時は労働契約法がなかったためです。現在、民事法規である労働契約法に規定が置かれているのは、適切なものだと思います。この労働契約法16条は、解雇は客観的に合理的な理由を欠き、社会通念上相当であると認められない場合は、その権利を濫用したものとして、無効とすると定めております。これは判例法理の言い回しを、そのまま明文化したものです。

　解雇権濫用法理は、かなり特殊な権利濫用法理であるということは、労働事件をご経験の方は皆ご存じかと思います。つまり、権利濫用は、本来は例外的にしか認められないものですが、解雇に関しては、必ずしも例外とは言えない状況にあります。かつての最高裁の調査官の方から、日本食塩製造事件の解説で、解雇権濫用法理は解雇には正当事由がそもそも必要であるという正当事由説とほぼ変わらないという指摘がなされており（越山安久『最高裁判所判例解説・民事昭和50年度』（法曹会）160頁）、そのとおりであろうと思います。

要件事実のお話に入っていきますけれども、権利濫用の評価根拠事実は、非常に中身が重くなるのが普通ですが、解雇権濫用法理に関しては、他の権利濫用に比べて評価根拠事実の主張立証の中身が非常に軽くなっておりまして、解雇の合理的理由の立証は、基本的に使用者が行うというのが実情です。

　ただ、ここからがややマニアックな話になりますが、解雇権濫用法理において、評価根拠事実が全く不要だとすると、そもそもそれは権利濫用という枠組みではなく、正当事由説になってしまうようなことになりますので、何らかの評価根拠事実は必要ではないかということです。あまりない例ですが、解雇の効力を争う地位確認訴訟で使用者側が欠席した場合、評価障害事実の主張も立証もないということになって、原告の請求原因だけで判決を下すことになりますが、そうすると、職権濫用についての何らかの評価根拠事実がないと勝訴判決が書けないということになります。

　そこで、山口幸雄元判事ほか裁判官の方が書かれた『労働事件審理ノート（第3版）』（判例タイムズ社）の中では、労働者が平素問題なく働いていたという概括的事実の主張で足りると書かれております（25頁）。私はこの点、司法研修所で受けた教育の経験から、主張責任と立証責任は分離しないものだと思っていましたので、立証も加えております。これは本人の陳述書等で、問題なく働いていたというふうに書いてあれば、立証としてもそれで十分ということになり、あまり実益のないお話です。

　それから、主張立責任の性質上、それを考えるのは審理を終結して、判断をする時点でありまして、結審後判断をする時点においては、通常の場合、双方が主張立証を尽くしていますので、当然のことながら、平素問題なく働いていたということは労働者側は主張立証しているはずですので、この点でも実益はないのではないかと思います。

　ただ、なぜこのような議論をするかというと、ある意味ではつじつま合わせのようなことで、解雇権濫用法理は、権利濫用の本来の姿と違っているとはいえ、何らかの権利濫用の評価根拠事実が必要であるということです。いずれにしても解雇の合理的理由等に当たる事実は、使用側が基本的に主張立証するということになります。

　レジュメ（本書91頁）にご紹介しているのは、平成15年の労働基準法の改正

によって、解雇権濫用法理を明文化した規定ができたときの衆議院の付帯決議です。このうち第二が、特に面白いもので、「本法における解雇ルールは、解雇権濫用の評価の前提となる事実のうち圧倒的に多くのものについて使用者側に主張立証責任を負わせている現在の裁判上の実務を何ら変更することなく最高裁判所判決で確立した解雇権濫用法理を法律上明定したものであるから、本法による改正後の第18条の２の施行に当たっては、裁判所は、その趣旨を踏まえて、適正かつ迅速な裁判の実現に努められるよう期待する」ということでありまして、これはおそらく、かなり吟味した上での文言ではないかと考えられます。

　こうした裁判所向けの附帯決議は、あまり例がないのではないかと思います。理屈の上では、立法府が立法に際して司法府に対してメッセージを発しても、別におかしいことではないと思いますが、実際には珍しいかと思います。

2　「客観的に合理的な理由を欠き」と「社会通念上相当であると認められない」の関係

　次がレジュメ（本書91頁）の２の労働契約法16条の文言に関わる論点です。客観的に合理的な理由を欠くことと、社会通念上相当であると認められないことという二つの文言の関係はどうなるのか。ここが、実はあまり議論されていない論点になります。すなわち、この客観的に合理的な理由を欠きと、社会通念上相当であると認められない、の二つを区別して考えるか、一体として考えるかという問題です。

　これにつきましては、一つは、両者を区別する二元説という考え方があります。この二元説は、①客観的に合理的な理由を欠く場合、または、②社会通念上相当であると認められない場合は、解雇権濫用として無効になると読むものであり、「または」ということで、どちらかが充足されればそれだけで解雇無効になるということです。網羅的に調べたわけではございませんけれども、解雇権濫用規定が制定法化されてからの学説は、一般的にこの二元説の理解が多いように思われます。実務家の書かれたものを見ると、この二元説の見解が有力なように見えます（白石哲「労働契約上の地位確認訴訟の運営」山川隆一＝渡辺弘編・最新裁判実務大系８『労働関係訴訟Ⅱ』（青林書院）741頁など）。

もっとも、裁判例を見ますと、解雇が客観的に合理的理由を欠くとして、社会通念上の相当性の欠如に言及するまでもなく、解雇無効とした裁判例があります（パナソニックアドバンストテクノロジー事件・大阪地判平成30・9・12労判1203号44頁、日本ボクシングコミッション事件・東京地判平成26・11・21LEX/DB25505217など）、実はこのように二元説をとるものはそれほど多くはありません。もうひとつは、原告の勤務状況は甚だしく業務能率が悪く、また業務の遂行に必要な能力を著しく欠くとき等に一応該当するが、解雇はいささか性急で酷と見ることができ、社会通念上の相当性を欠くため無効であるとした事件もあります（GCAサヴィアン事件・東京地判平成28・8・19 LEX/DB25543697）。微妙な言い回しですが、解雇の客観的合理的理由はあるけれども社会通念上の相当性を欠く、あるいは、就業規則の規定に該当したとしても社会通念上の相当性を欠くために無効としたものと読めるかと思います。要するに、解雇の効力を争う請求を認容する場合は、二元説だと、どちらか一方が充足されるということだけで認容できますし、棄却の場合は、双方を否定する必要があります。

　これに対して一元説は、両者を一体的に見る考え方で、実は解雇権濫用法理が制定法になる前は、一元説のほうが一般的だったと思います。先ほどの日本食塩製造事件（最二小判昭和50・4・25民集29巻4号456頁）ですが、これはユニオン・ショップ協定に基づいた組合除名者の解雇が、除名が無効の場合には、解雇権の濫用として無効になるという事案でした。判決は、除名が無効な場合のユ・シ協定に基づく解雇は、客観的に合理的な理由を欠き、社会的に相当なものとして是認することはできず、解雇権濫用として無効であると述べており、ここでは、客観的に合理的な理由の存否と、社会的に相当なものであるか否かということを、二つに分けないで、両者が一つのフレーズとして判断基準となっていると読むことができるように思われます。

　それからもうひとつの高知放送事件（最二小判昭和50・4・25民集29巻4号456頁）は、社会通念上の相当性を欠く場合の事例として今では読まれている判決ですけれども、アナウンサーの寝過ごしによる解雇は、当該事案では解雇という手段は酷にすぎるとしたもので、本件解雇は合理性を欠くうらみなしとせず、必ずしも社会的に相当なものとして是認することはできないと考えられる余地があると述べております。社会通念上相当性を欠くとだけいえば処理できる事

案を、合理性を欠くうらみなしとせずとして、解雇の合理性についても触れているとみられうる判例でした。

　これは解雇権濫用法理が明文化される前の最高裁判例ですが、制定法化された後の下級審裁判例でも、一元説と呼ばれうる裁判例が見られます。つまり、例えば解雇の合理的理由を認めなくても、判断の中で社会通念上の相当性に言及するものがありまして、二元説ならば解雇の合理的理由がないとすればそれだけで結論が出るはずなのですが、社会通念上の相当性にも言及しているものがあります（新日本建設運輸事件・東京地判平成31・4・25労判1239号86頁、みずほビジネスパートナー事件・東京地判令和2・9・16労判1238号56頁など）。それから、日本食塩製造事件の最判と同じように、客観的に合理的理由を欠くとはいえず、社会通念上相当性を欠くとはいえないとして、一体的なフレーズを用いて解雇を有効とした判決もあります。二元説でしたら、いずれか一つでも結論が出しうるような場合でも、一体的に判示しているものが見られるところです（日本電産トーソク事件・東京地判令和2・2・19労判1226号72頁など）。

　要するに一元説か二元説かは、実務の中では必ずしもはっきりしていないのが実態ではないかと思います。判断のプロセスとしては、私は二元説が明解ではないかと思っているのですが、ただ、最終的にはこの問題は、結局は権利濫用の成否に関わる問題ですし、しかも、客観的合理的理由は一般的な問題で、個々の事案の特質は相当性の問題として考えるという発想が一般的ですが、客観的合理的な理由を欠くかどうかも、個別事案でも相当性を踏まえて考えられるということがあるのではないかということです。そこで、一体的に判断される場合も想定されており、そのような運用も許容されるのではないかと、菅野和夫教授と共著で出させていただいた書物では指摘しております（『労働法（第13版）』（弘文堂）748頁）。

　以上のことの要件事実上の意味を改めて考えておきます。レジュメでは2(2)になります（本書93頁）。一元説ですとあまり考えるまでもないのですが、二元説に立つと、客観的に合理的な理由を欠くということと、社会通念上相当であると認められないということが、それぞれ、権利濫用という規範的な要件の中でさらに規範的要件になります。これも労働法の特殊性で、例えば就業規則の変更における合理性という規範的要件は、その考慮要素の中身としての変

更の必要性などが、ロシアのマトリョーシカ人形のように、さらに規範的な要素になっているという現象が多々見られます。

　要件事実的には、二元説によりますと、客観的に合理的な理由を欠くことと、社会通念上相当であると認められないことと、二つに分かれますが、おそらくは評価根拠事実の主張立証の負担が軽くなるのは、客観的に合理的な理由を欠くことのほうではないかと思います。社会通念上相当であると認められないことというのは、二元説によれば、一応解雇はできる場合でも、個々の事案によると酷すぎるという場合ですので、こちらはどちらかというと通常の権利濫用に近いのではないかと思いました。そこで、こちらは主として労働者側が主張立証すべきであると考えております（山川隆一『労働紛争処理法（第2版）』（弘文堂）209頁）。反対説もありますが、ここでも、社会通念上相当であると認められないこと自体が規範的要件ですので、それを根拠づける評価根拠事実とその評価障害事実のそれぞれがありますから、結局のところは当事者双方が適切な事実を主張立証するということになり、あまり変らないのかなという感じがしております。

　さて、レジュメの2⑶（本書93頁）の話になりますけれども、二元説ですと、一応二つの要件、要件と言っていいかどうかも問題ですが、二つを分けて考えて、解雇の客観的合理的理由と、社会通念上の相当性、それぞれの少なくとも判断事項があると考えますが、実際上それでなかなか割り切れない、不明確な場合が出てくるのではないかということが、ここでの問題提起です。

　いろいろな場合がありますけれども、典型的なのは能力適格性の欠如を理由とする解雇です。例えば職種は限定していなくて、現在の担当職務は十分できないけれども、他の職務だったら円滑に労務遂行はできる場合、例えば、解雇せずに配置転換によって対応が可能ではないか。そういう事例がしばしばありますけれども、これは、解雇の客観的合理的理由を欠くということになるのか、それとも他の職への配転等を考えるということでいうと、そういうことをしないで解雇するのは社会通念上の相当性を欠くという問題になるのかということが、二元説では問題になります。ここも、このことによって実際上の差はあまり生じないのではないかと思われますし、有名なセガ・エンタープライゼス事件（東京地決平成11・10・15労判770号34頁）などは、解雇権濫用の問題ではなく

て、就業規則の解雇事由の解釈として処理しています。就業規則の解雇事由の問題は、後で述べますけれども、就業規則の当てはめの問題との関係も出てくるということです。

　他方、職種が限定されている場合は、最近の最高裁判例（滋賀県社会福祉協議会事件・最二小判令和6・4・26労判1308号5頁）にもありますように、そもそも配転命令ができないということですので、そうするとその仕事ができないということは、解雇の客観的合理的理由の問題とされる可能性があるかと思います。その場合でも、職種が限定されていれば配転命令はできないというのが、上記最高裁判例で言われていて、その場合は配転の打診くらいはしてもよいのではないかという問題が実体法上は別に起こることになります。ということですが、今申し上げたようなことは、一元説だと、別にどちらの問題であるかということを特に考える必要はないということになります。

　もうひとつの、両者の関係が問題になる例が、警告とか指導、普通解雇の場合ですと指導が多いかと思いますけれども、そういった一定のプロセスや手続きを経ずに行われた解雇の場合です。こちらは、私は社会通念上の相当性の問題としてよいのではないかと思いますが、ご異論があるかもしれません。なぜ社会通念上の相当性の問題とするかといいますと、解雇の客観的合理的理由は、やはり実体の問題で、手続きの問題を解雇の理由のほうに読み込むのは、ちょっと難しいのではないかと思っております。

　あと、なかなか難しいのは、二元説で考える場合に、合わせて一本ということがあり得るかどうか。つまり二元説だと、解雇の客観的合理的理由についても社会通念上の相当性についても、それぞれだけでは解雇が有効にできるというハードルを満たしていないけれども、二つ合わせると解雇はやむを得ないという場合があるかどうかも、一元説と二元説の差として問題となるかと思います。

　整理解雇の場合でも似たようなお話があります。個別解雇はできない、たとえば能力不足とは言えないし、整理解雇単体として考えれば無効である、しかし、個別解雇と整理解雇を合わせて考えると有効であるというような場合が事例として存在しうるとして、そういう場合をそもそも解雇有効としてよいのかという感じを私としては抱いておりますけれども、場合によってそのように解

せざるをえない事案も、もしかしたらあるかもしれません。

これは要件事実の問題を超えるかもしれませんが、二元説と一元説の議論の実益は、もしかしたらその辺りにあるかもしれない。二元説で合わせて一本という処理を認めないとしたら、一元説と二元説の差が出てくるということになります。

それからレジュメの2(3)③の就業規則記載の解雇事由の問題（本書94頁）で、こちらも一元説、二元説との関係が出てきうるかと思いますが、実際上、かなりの裁判例が、就業規則の解雇事由の適用という形で判断を行っています。ところが、その当てはめにもいろいろなものがあり、就業規則の解雇事由を限定解釈する事例と、限定解釈をしないで、解雇権濫用のほうに落とし込んでいく事例があります。

先ほどのセガ・エンタープライゼス事件決定は、単に就業規則の「能力不足」という文言だけでなくて、それを雇用継続しがたいほどの「能力不足」というふうに限定解釈していますので、ここでは、限定解釈された就業規則の解雇事由の問題と、解雇の客観的合理的理由というのは、おそらくほぼイコールになるだろうと思います。

これに対して、解雇の客観的合理的理由は規定の文言どおりに判断して、限定解釈した内容に該当しないとみる場合は、社会通念上の相当性の問題とするという構成もあり得ます。他に、就業規則の解雇事由該当性についてはその文言どおりに解釈し、さらに解雇の客観的合理的理由を、限定解釈ではなくて就業規則の適用の中に加える形で考えて、手続的なことは、例えば社会通念上の相当性として考えるという事例も出てくるかと思うところです。これも、あまり実益はないかもしれません。

いずれの見解に立っても、私の感じとしては、手続きの不相当は社会通念上の相当性と位置づけたほうが素直かなと思っています。

3　地位確認訴訟と解雇権濫用法理の要件事実（整理解雇の事案）

今回は要件事実の講演会ですので、とりあえずブロック・ダイアグラムを示してみました。レジュメの3（本書94頁）になります。

これはいろいろな前提がありますが、請求原因は労働契約の締結と確認の利

益を基礎づけるものとしての使用者による契約終了の主張で、抗弁は解雇と予告期間の経過になります。再抗弁で、解雇権の濫用の評価根拠事実がでてきて、解雇の合理的理由は再々抗弁になる。整理解雇の特殊性は後で申し上げます。

　労働契約の締結、解雇による労働契約の終了、それから解雇権濫用に当たるという評価根拠事実、さらに解雇権濫用に当たらないという評価障害事実という、再々抗弁まで行く整理を示しておりますけれども、手続きが不相当であるということを、解雇権濫用の評価根拠事実として挙げており、これは二元説に立った整理です。また、就業規則による解雇事由の限定が限定列挙である場合を考えております。就業規則による解雇事由の限定が、例示列挙であるとすれば、最終的に解雇権濫用法理の適用の問題に解消されることになります。

4　就業規則上の解雇事由の意義

　そこで、就業規則の解雇事由の列挙の意義のお話ですが、レジュメの4（本書94頁）になります。こちらはご存じのとおり、就業規則に、こういう場合には解雇するという解雇事由が記載されている場合に、その性格について、限定列挙説と例示列挙説があります。

　限定列挙説は、列挙された解雇事由に当たらない場合には、それにより解雇は無効になるという見解で、例示列挙説は、列挙された事由以外の理由によって解雇することも可能であり、最終的に解雇の有効、無効の判断は解雇権濫用の問題とする、そういう見解です。

　要件事実の問題以前に、これは一体どういう問題なのかについては、○○説・の問題と言われるのは、法律の規定の解釈等での問題で、こういうふうに解釈すべきだというような見解の対立が多いのですけれども、私は、これは事実認定の問題、あるいは、就業規則の規定の解釈問題ではないかと思っております。つまり、およそ限定列挙説か例示列挙説かという議論をするのではなくて、個々の事案での該就業規則が限定列挙か、例示列挙かという問題の立て方をすべきではないかと思っています。裁判官の論文等でも、そのような理解が示されています（白石・前掲「労働契約上の地位確認訴訟の運営」748頁）。もともとこの両者の説も、実際上の差は生じにくいということで、例えば、よく言われるのは限定列挙だとしても、その他前各号に準じる場合というような解雇事由が

あれば、だいたいそれでカバーされてしまうので差が生じないということがあります。

もうひとつは、就業規則の解釈問題であるとしますと、例えば、解雇事由に労働者側の非違行為だけを挙げている就業規則が仮にあった場合に、じゃあ整理解雇はできないのかというと、通常、整理解雇はしませんという意思でそういう解雇事由を定めたとは考えがたいので、そういう場合には例示列挙とみるという、就業規則の中身に応じた意思解釈をするべきだと思います。そうすると、あまりこの問題についての実益はなくなる。という感じはいたします。

要件事実のお話はレジュメの4(3)（本書95頁）で、限定列挙説ですと、一般的には限定列挙規定の存在が、解雇の抗弁に対する再抗弁になり、列挙事由該当性は、再抗弁または予備的抗弁になる。レジュメの3の図（本書94頁）では、予備的抗弁という位置づけをしております。再抗弁か予備的抗弁かというお話は、極めてマニアックなのですが、限定列挙の規定が、民法627条による一般的な解雇権を制限している、つまり就業規則所定事由に限って解雇を認めている、逆に言うと、所定事由がない限り解雇はできないというような規定だとしますと、そのような再抗弁に対して、例外的に所定の解雇事由の存在が認められるということが、限定の効果が発生しないという意味で再々抗弁になるのではないか。いわゆる特段の事情のように、特段の事情がない限りという定めは、特段の事情があるということがその例外になりますので、再々抗弁になるということかと思います。これが一つの考え方です。

もうひとつの考え方としては、こちらのほうが一般的かと思いますが、就業規則の解雇事由の列挙規定は、民法627条による解雇権とは別の約定解雇権、つまり627条によって特に何もなくても雇用契約に付随して発生する解雇権とは別に、就業規則による解雇権を創設するという見解です。そうすると限定列挙事由による解雇は、約定解雇権に基づく解雇なので、民法627条の解雇とは別の抗弁であり、再々抗弁ではなくて、限定列挙の再抗弁を前提とする予備的抗弁になろうかと思います。

このような約定解雇権という新たな解雇権を627条とは別に作り出すということが、果たして論理的に妥当か、あるいは実体に即しているかは、若干議論の余地があるのではないか。今では、どちらかというと再々抗弁のほうがよい

のかなと思っております。627条とは別系列の抗弁だとしても、ある解雇権の行使が627条による解雇か、約定解雇権に基づく解雇かというのは選択できるはずであり、どちらか分からないという場合も多いかと思います。それにより限定列挙の主張が左右されるのは疑問が残るところです。

これに対して、例示列挙説を取る場合は簡単で、解雇権濫用の問題になりますので、要は解雇権濫用の評価根拠事実と、評価障害事実の振り分けの問題に解消されるということになります。

いずれにしましても、例示列挙説でも、結局のところは使用者側の主張した解雇事由についての審理が中心になりますので、限定列挙説と変らないという結果になると思います。

時々言われるのは、就業規則上の列挙事由に該当しない場合、解雇権の濫用が推定されるということで、イメージ的には分かるのですが、列挙事由に該当しないという、事実の不存在を問題とするような言い方が、そもそも要件事実的には引っ掛かるお話ですし、解雇権濫用が推定されるという法律上の推定のような話になるのも引っ掛かるところで、厳密に言えば、就業規則上の列挙事由に該当する事実が認められないと、解雇が客観的合理的理由を欠くことの評価障害事実の主張立証が難しくなるということではないかと思います。

5　整理解雇の４要素（要件）の要件事実

さて、レジュメの５（本書95頁）の、整理解雇の４要件・４要素のお話のお話に移らせていただきたいと思います。

整理解雇の効力の判断に当たっては、人員削減の必要性、解雇回避努力、人選の合理性、手続の不相当性という四つを考えるということですが、この四つを考えるということの意味について、かつてはこれが通説だったと思いますけれども、要件であると理解する要件説に立つと、一つでも要件が満たされなければ、それだけで解雇権濫用になるという判断をなし得るというものです。

しかし、最近では要素説が有力で、要は解雇権濫用の問題であるから、それは最終的に諸要素を総合判断するものであるということで、東京地裁等では、ほぼこの見解になっているのではないかと思います。両説であまり差がないということでもありますが、要素説のほうが柔軟な判断が可能であるということ

かと思います。

　例えば、これは要素説に限らないと思いますけれども、人員削減の必要性と、解雇回避努力を相関的に判断すること、それぞれを別に考えるのではなくて、組織再編などの場合、人員削減の必要性については経営判断を尊重して比較的簡単に認めるけれども、企業に余力があるような場合であれば、解雇回避努力は厳格に判断するといった、ある要素と他の要素の相関的な判断は、要素説のほうがしやすいのかなと思います。

　それから解雇回避努力については、通常の解雇回避努力、例えば配置転換等は難しい場合に、それに代えて生活保障努力、もともと解雇回避は労働者の生活保障を考えるということなので、退職金の上乗せや再就職あっせんなどで生活保障努力をしたというような事情も考慮しうるというような柔軟性があり得るかと思います。

　あと、要件事実に非常に詳しく、いろいろ書かれている高名な難波孝一裁判官は、整理解雇というのは627条の解雇とは別の独自の解雇類型であり、その要件を考えれば良く、その場合に整理解雇の判断基準として要素説をとられています（難波孝一「労働訴訟と要件事実」伊藤滋夫先生喜寿記念『要件事実・事実認定論と基礎法学の新たな展開』（青林書院）539頁）。こちらのほうが実務的な感覚に合っているのかなという感じもしておりますが、先ほどの就業規則解雇という概念と同様に、民法627条解雇とは別の解雇があるとすると、それでは実際の事件で627条解雇だと主張されたらどうなるのかという問題が生じ得るかと思います。

　要件事実のお話に戻り、一応要素説に立ってお話しますと、4つある要素のうち、人員削減の必要性と、解雇回避努力と、人選の合理性は評価障害事実、すなわち、先ほどの二元説によりますけれども、解雇の客観的合理的理由の欠如に関する評価障害事実に該当すし。手続の相当性が、社会通念上の相当性の欠如の評価根拠事実に該当するという見解が有力ではないかと思いますし、私もその説が妥当ではないかと思っております。二元説に立つと、手続上の問題は、解雇の実体的な問題としての客観的合理的理由とは別ではないかと思うからです。

　解雇権濫用ではなくて、就業規則の解雇事由が限定列挙だとすると、権利濫

用の評価根拠事実、障害事実という整理が使えなくなってくるのですけれども、こちらについては、東洋酸素事件（東京高判昭和54・10・29労民集30巻5号1002頁）という整理解雇についてのリーディングケースがあり、限定列挙説でかつ要件説に立ち、人員削減の必要性、解雇回避努力、人選の合理性の3要件については解雇事由該当性の問題とし、手続の不相当性については解雇の効力発生を妨げる事実としています。つまりは、整理解雇につき解雇権濫用の判断枠組みに従った場合には評価障害事実になる事実を、就業規則上の解雇事由に当たる事実としていますので、要は、就業規則の解雇事由の当てはめをしたとしても、解雇権濫用行為によって判断したとしても、実際上、差は少ないのではないかと思います。

　最近の裁判例は、基本的には先祖返りといいますか、この東洋酸素事件の発想に戻っていて、限定列挙ではなく例示列挙説であり、かつ要素説ではあるのですけれども、東洋酸素事件の主張立証責任の発想に戻っているような感じがいたします。

　それを示すのがコマキ事件（東京地決平成18・1・13判時1935号168頁）という東京地裁の裁判例でありまして、整理解雇が有効か否かを判断するに当たっては、人員削減の必要性、回避努力、人選の合理性、手続の相当性の四要素を考慮するのが相当であるとし、ここまでは一般的な要素説なのですが、主張立証責任について見ますと、使用者は、人員削減の必要性、解雇回避努力、人選の合理性の三要素についてその存在を主張立証する責任があり、これらの三要素を総合して整理解雇が正当であるとの結論に到達した場合には、次に、債権者である従業員が、手続の不相当性等使用者の信義に反する対応等について主張立証する責任があるとしています。これは、就業規則の解雇事由につき限定列挙説を取って、かつ要件説を取る点で、かなり基本的な枠組みが違うはずの東洋酸素事件判決と同じ主張立証責任の枠組みを示しております。

　以上のような考え方の特色は、整理解雇についての解雇権濫用の判断は総合判断であるけれども、総合判断の対象になるのは、人員削減の必要性、解雇回避努力、人選の合理性という3要素の評価障害事実（解雇の客観的合理的理由）であり、手続の不相当性は評価根拠事実（社会通念上の相当性の欠如）とする見解であり、最後の手続の不相当性は、総合判断から外れてくるという点にあり

ます。

　これに対して、そもそも総合判断の対象は４要素であるという見解を取る裁判例があります。こちらのほうが、どちらかというと多いのではないかという感じを持っております。東京高裁のCSFBセキュリティーズ・ジャパン・リミテッド事件（東京高判平成18・12・26労判931号30頁）は要素説なのですが、解雇権濫用の判断の重要な要素を類型化したものが４要素であるとしています。私は、この判決の、要素説の中でも４つの要素の重要性を強調としているものとして、適切な判断だと思っていますが、ただ、４要素の総合判断になるという点が、先ほどのコマキ事件等との違いです。

　ここも先ほどの二元説、一元説が関わってきまして、コマキ事件等については、手続の不相当性は社会通念上の相当性の欠如という要素に対応するものと位置づけましたが、一元説に立つと、客観的な合理的な理由の欠如と社会通念上の相当性の欠如が一つのものになりますから、４要素の総合判断になるのかなと考えられます。

　実際上はそれほど両説で変わることはないであろうと思います。社会通念上の相当性の欠如が、労働者側の主張立証責任になると考えると、手続の相当性の欠如は労働者側の主張立証責任になるという点で違いはありますけれども、先ほど申しましたように、手続が不相当であることも一種の規範的要件ですので、その評価根拠事実と評価障害事実についてそれぞれの当事者が主張立証責任を負うということで、実際上はあまり変らないのかなと思います。

　ただ、ここで３要素の総合判断と４要素の総合判断が違うとすれば、手続の相当性ないし不相当性に関わる要素と、それ以外の実体的な解雇理由に関わる３つの要素との総合判断ができるかどうかです。先ほど申しました、整理解雇としては要件を満たさない、個別の普通解雇としても要件を満たさないけれども、それぞれ合わせて一本で考えれば、全体としては解雇としては有効だというものがあり得るという考え方と似たような考え方が、この４要素の総合判断の見解では出てくるかと思います。そもそも、そうした合わせて一本のような解雇を有効と認めていいのかどうか自体が問題になりまして、私としては少し疑問に思っているところではありますけれども、ただ事案によってそういうものが出てくる可能性もなくはないかなというところで、これは皆さんのご意見

を伺いたいと思っています。

　あとは、付随的な、要件事実と直接は関係ないお話になります。要素説か要件説かに関わることですけれども、重要な要素が４要素であるというと、では重要でない要素というのが何かあるのかということが、実体法上、問題になります。例えば退職金の上乗せとか、再就職のあっせんは、有名なナショナル・ウエストミンスター銀行事件の第３次仮処分決定（東京地決平成12・１・21労判782号23頁）で、かなり強調されたことです。要素説だと、そういう事情も考慮しうるということですが、常に考慮されるのかということになると疑問があり、PwC フィナンシャル・アドバイザリー・サービス事件（東京地判平成15・９・25労判863号19頁）では、このような退職金上乗せや再就職あっせんという要素は、配転等が困難な場合、つまり通常の解雇回避努力が困難な場合に、初めて考慮される要素であるとされています。この辺りが現行法上妥当なバランスの取り方かなと思っております。

　以上、整理解雇については要件事実だけではなくて、実体法上の中身についても触れてきました。雑駁といいますか、まとまりがないのですが、強いてまとめるとすると、分からない点がまだまだ多いというのが、解雇権濫用の要件事実の問題についてのまとめになるかと思います。私のお話はこれで終わらせていただきます。ありがとうございました。

　田村　山川先生、大変にありがとうございました。

　続きまして、植田類先生より「労働契約における労働者の自由意思の要件事実的位置付けに関する若干の検討」というテーマでご講演をお願いいたします。よろしくお願いいたします。

［講演２］
労働契約における労働者の自由意思の要件事実的位置付けに
関する若干の検討

　植田類　よろしくお願いします。それでは、始めさせていただきます。

　神戸地方裁判所の裁判官の植田と申します。よろしくお願いいたします。ま

ずは、本日はこのような貴重な講演の機会を頂いたことに、御礼を申し上げます。

私は神戸地裁において、労働事件集中部に所属しておりまして、労働事件を集中的に取り扱っております。その経験から、本日は、実務上、労働者側から、労働者にとって不利益な合意、ここには労働条件に限らず、合意退職も含みますが、これについて、後ほど言及いたします山梨県民信用組合事件の最高裁判例に基づいて、自由な意思に基づくものではないという主張がなされることが多いということも踏まえて、これをテーマとして取り扱わせていただくことにいたしました。

ただ、この内容については私自身も検討が不十分でして、整理しきれていない点も多々ございますし、このテーマについては既にレジュメの中でも多数引用させていただいておりますとおり、本日、直前に講演をしていただいた山川先生をはじめまして、多くの研究者や実務家の方のご論稿もございますので、その内容の紹介ということも含めて話させていただき、また、その後には、今後の私自身の検討のために、コメンテーターのお二人からコメント、また参加者の方の質疑応答をいただき、ぜひさまざまなご意見を賜われれば幸いと考えています。よろしくお願いします。

それでは、レジュメに沿いながら中身に入らせていただきます。

1　問題の所在

まず、1の問題の所在という点でございます（本書97頁）。

労働条件の不利益変更に係る労働者・使用者間の合意の有効性の観点から議論され、複数の最高裁判例においても示されている「労働者の自由な意思に基づいてされたものであると認めるに足りる合理的な理由が客観的に存在すること」という要件、今回の講演の中で自由意思要件として話させていただきますけれども、これについて、合意の有無という事実認定レベルの観点からではなくて、今回、要件事実に関する講演会ですので、そのテーマに沿って、当事者間の合意、すなわち、申込みおよび承諾の意思表示の合致、意思表示の瑕疵などの要件事実的な観点からどのような定義ができるのかということについて、若干の検討を行っていきます。

2 自由意思要件の意義・根拠

　まず、この自由意思要件の背景にある考え方やその意義、根拠についてみておきたいと思います。

　労働契約法8条は、「労働者及び使用者は、その合意により、労働契約の内容である労働条件を変更することができる」というように規定しており、労働契約が労働者と使用者との間の合意に基づいて締結、変更すべきものとする合意原則（労働契約法3条1項）が、労働契約の内容の変更の場面にも妥当するということを明示しております。また、就業規則の不利益変更については、労働契約法9条が、労働者との合意なく就業規則を変更することによって、不利益に労働契約の内容である労働条件を変更することはできないとして、例外的な場合を除いて労働者との合意を必要としています。

　もっとも、今指摘しました労働契約法を含む労働関係の法規においては、その労働契約の性質上必然的に生じる労働者の使用者に対する従属性や、そのような関係性を前提とした場合の使用者との間の交渉力の格差という観点から、使用者により一方的に労働条件が決定されることも少なくないという特有の事情を踏まえて、労働契約法3条では、その合意原則に関して自主的な交渉の下で、また対等な立場におけるということが明示されており、これは合意原則、合意の実質的な意義というものを示すものということができます。また、労働関係法規においては、その内容の最低基準や、先ほど山川先生のご講演とも関係しますけれども、解雇、雇止め等、労働契約の終了場面等についても解雇権濫用法理により規制がされるということになります。

　今述べましたような労働関係法規の趣旨を前提としますと、労働条件の不利益変更に係る労使間の合意における労働者側の意思表示につきましては、形式や外形的な意思表示の有無、その合致のみから判断するのではなくて、先ほど述べましたような合意原則の実質的な意義から、それが労働者の真意によるものであるかについて慎重に判断するのが相当であると考えられ、このような観点から、最高裁判例によって示されたのが自由意思要件ということができるかと思われます。

　そこでまず、その自由意思要件についての最高裁判例について、いずれの判

例についても著名なものですし、参加者の方も既にご存じかと思うのですけれども、簡単に今日の講演の中で概観を確認していきたいと思います。

3 最高裁判例の概観

(1) シンガー・ソーイング・メシーン事件（最判昭和48・1・19民集27巻1号27頁）【最判(1)】

まず、最高裁判例として、最初に自由意思要件に関する判断を示したのが、最判昭和48年1月19日のシンガー・ソーイング・メシーン事件となります。

この事件は、労働者の退職金債権の放棄の効力が争われた事件で、労働基準法24条のいわゆる賃金全額払いの原則との関係で、その退職金債権放棄の意思表示の効力について問題となった事案で、賃金全額払いの原則がこのような意思表示の効力を否定する趣旨のものであるとまで解することはできないとしつつも、その効力を肯定するには、それが労働者の自由な意思に基づくものであることが明確でならなければならないとした上で、当該事案の具体的な事実関係の下で、自由な意思に基づくものであると認めるに足りる合理的な理由が客観的に存在していたという当てはめをして、意思表示を有効とし、退職金債権の放棄の効力を認めたという事案になります。

(2) 日新製鋼事件（最判平成2・11・26民集44巻8号1085頁）【最判(2)】

次に、続く最高裁判例として、最判の平成2年11月26日、日新製鋼事件についてですけれども、この事件も、先ほどのシンガー・ソーイング・メシーン事件と同様に、やはり賃金全額払いの原則との関係が問題となった事例です。

具体的には、使用者が労働者の同意を得て、労働者の退職金債権に対してする相殺が賃金全額払いの原則に違反するかが争われた事案になりますが、この点について最高裁が、労働者がその自由な意思に基づき相殺に同意した場合においては、その同意が自由な意思に基づいてされたものであると認めるに足りる合理的な理由が客観的に存在するときは、その相殺が賃金全額払いの原則に違反するものでないと解するのが相当であると判示しました。実際の事件においては、具体的な事実関係の下で、自由意思要件について客観的な存在を認めた上で、労働者の同意を得てした相殺を有効としました。

(3)　広島中央保険生協事件（最判平成26・10・23民集68巻8号1270頁）【最判(3)】

　続く最高裁判例ですけれども、シンガー・ソーイング・メシーン事件と日新製鋼事件とは少し異なって、労働者の同意の有無そのものが直接に問題となった事案ではないのですけれども、同じ自由意思要件のフレーズを使ったものとして、広島中央保険生協事件、最判の平成26年10月23日がございます。これは、労基法65条3項に基づく、妊娠中の女性労働者に関する降格等の事業主の措置について、男女雇用機会均等法9条3項の禁止する取扱いに該当するかということが争われた事案です。

　この事案においては、一審、二審共に原告の請求を棄却する判断をしましたが、最高裁は、その措置について、原則としては均等法の禁止する取扱いに当たるけれども、レジュメに具体的にいろいろ書いていますけれども、このような事情に基づいて、当該労働者につき、自由な意思に基づいて降格を承諾したものと認めるに足りる合理的な理由が客観的に存在するときは、同法の禁止する取扱いには当たらないというものと解するのが相当であると判示しました。そして、具体的な事実関係の下で今述べたような点についてさらに審理を尽くさせるためとして原判決を破棄して、原審に差し戻した事案ということになります。この事案、差戻後については、具体的な事情の下で、差し戻し後の控訴審では、自由意思要件の充足を否定して原告の請求を一部認容する判断をしています。

(4)　山梨県民信用組合事件（最判平成28・2・19民集70巻2号123頁）【最判(4)】

　最後に、最判平成28年2月19日の山梨県民信用組合事件について触れさせていただきますけれども、私自身、今回この講演に当たっていろいろ検討する中で、この事件で最判がかなり自由意思要件についての適用範囲、射程を広げたことにより、実務上もこの事件を引用した上で、労働者側から何らかの労働者にとっての不利益な合意に関する効力、先ほど申し上げたように退職合意も含みますけれども、についての有効性が争われるという場面が多いと考えておりまして、今回のテーマの中でも重要な最判であると考えています。

　この事案自体は、信用組合の統合に伴う中で、退職金支給基準が不利益変更され、その後、それについての合意の有効性について争われた事案ですけれど

も、最判はシンガー・ソーイング・メシーン事件と日新製鋼事件を引用しまして、労働者の同意の有無については、当該変更を受け入れる旨の労働者の行為の有無、ここは形式的・外形的な意思表示も含みますけれども、それだけではなく、当該変更により労働者にもたらされる不利益の内容及び程度、労働者により当該行為がされるに至った経緯及びその態様、当該行為に先立つ労働者への情報提供又は説明の内容等に照らして、当該行為が労働者の自由な意思に基づいてされたものと認めるに足りる合理的な理由が客観的に存在するか否かという観点からも判断されるべきものと解するのが相当であると判示した上で、この事案は、退職金支給基準の不利益変更に係る同意書に署名押印があった事案なのですが、これをもって同意があるものとした判断については審理不尽があり、その結果、法令の適用を誤った違法があるとして、原判決を取り消して差し戻したというものになります。

こちらについては、差戻後の控訴審では、最判の示した具体的な事実関係を当てはめた上で、労働者の同意が否定されているという結論に至っています。

4　自由意思要件の位置付けについての検討

少し長くなってしまいましたが、最高裁判例の概観を確認させていただきましたので、このようなものを前提に、今回のテーマである自由意思要件の位置付けの検討を少しお話しさせていただきます。

まず、シンガー・ソーイング・メシーン事件に係る判例解説を読みますと、労働者の自由な意思について、労働者が自ら賃金、退職金を放棄する意思を持って、その旨の意思表示をしたといい得る限り、自由な意思によるものということができるのであって、最判が掲げるような事実関係というのは、それを担保するものである。すなわち、一応、放棄の意思を自由に形成したと認めるに足りる事情があればよいとするのである旨、解説がされています。

また、判例解説の中では、その根拠について、先ほど合意原則の実質的意義というふうにさせていただきましたけれども、それと同様に、経済的弱者である労働者の不利益な意思表示に関しては、それが真意に出たか否かは慎重に判断すべしとの、これは誰からも異論の出ない当然のことを言っていると記載されています。ただ、この判例解説を読む限りは、その中身は、自由意思要件に

ついて、一般論として、今述べられたような慎重な事実認定を要するということを言っているのですけれども、さらに、この後の山梨県民信用組合事件のようなところまで踏み込んで、厳格な判断を要求しているかどうかというところまで読み込めないというように考えています。

　この点、今回のテーマである要件事実的なことを考えますと、自由意思要件については、合意を認定するための間接事実、事実認定レベルの判断枠組みであって、これを間接事実と捉えるのか、それとは別に、合意とは別個の主要事実、要件として捉えるのかが明らかでないという指摘がさまざまな論稿でもされているところです。また、先ほど紹介しました４つの一連の最高裁判例におきましては、その判決を読む限りは、自由意思要件というのは労働者と使用者との間の合意とは別個の要件、主要事実を必要としたものとまでは直ちにいえずに、事実認定に当たって、労働者の不利益な合意の認定は慎重にあるべきという、先ほどの合意原則の実質的意義に基づく趣旨を前提とした判断枠組みを示したものと考えることができると思っています。なお、先ほどの山梨県民信用組合事件の最判の判示事項は、労働者の同意の有無についての判断方法とされています。

　このように考えた場合は、実はこのテーマについていろいろ検討していく中で、最高裁判例の枠組みが事実認定レベルの枠組みということで整理することになりますので、今回の要件事実というテーマとは少し合わないかなと思いつつも、ただ一方、いろんな論稿の中で、先取りして述べますけれども、自由意思要件を別個の要件、効力発生要件と捉える見解もありますし、また、意思表示の瑕疵としての合意に対する再抗弁ないし否認との関係性という問題が生じますので、今回、要件事実という講演会のテーマとして取り上げさせていただきました。

　それでは、元に戻りますけれども、仮に最高裁が事実認定の枠組み、慎重な判断枠組みとして示していると考えた場合には、自由意思要件は、労使間の合意における労働者の意思表示に係る表示行為が一応外形上認められる場合の内心における効果意思の有無を、意思表示の瑕疵という観点ではなくて、合意の成否というところのレベルで効果意思を厳格に判断する際の枠組みとして捉えることが可能であると考えています。

この点については、同様の方向性を指摘するものとして脚注5（本書100頁）の森田先生の「労働契約における〈合意の内と外〉—「民法と労働法」の基礎理論のために」という論稿がありまして、この論稿、後ほどちょっと触れさせていただきますが、このような民法上の意思表示理論というところと、今回テーマとさせていただきます自由意思要件を含む労働法分野における議論の状況という意味で、大変参考になる論稿でした。

　先ほどの最高裁の自由意思要件についての指摘を事実認定の枠組みとして捉えた場合についてですけれども、そうなりますと、効果意思と表示行為の不一致については、通常、伝統的な意思表示理論においては、その意思表示の瑕疵、心裡留保であったり錯誤であったりですけれども、と判断されることが一般的であるのですけれども、一連の最高裁判例で示された自由意思要件は、あくまで合意の事実認定のレベルでこれを問題としているといえますので、それについては意思表示の瑕疵より広く合意の効力を否定する労働法独自の創造的判例法理であるとの指摘もなされています。

　なお、自由意思要件を、労働者の意思表示に係る事実認定に当たっての判断枠組みを示したものと捉えた場合におきましても、当該意思表示が黙示によるものである旨が使用者から主張された場合におきましては、自由意思要件に係る主張立証というのは、使用者が黙示の意思表示において主張立証をすべき主要事実である、その黙示の意思表示を基礎付ける具体的事実と重複することになるものと考えることができます。

　ただし、実務上は、先ほど述べた合意原則の実質的な意義の観点からすると、特に労働者にとって不利益な内容の合意については、そもそも黙示の意思表示を、それを根拠付ける具体的な事情から認めることについては、相当慎重な判断がなされていると考えられますから、黙示の意思表示を認めつつ、なお自由意思要件が否定されるような場合というのはあまり多くはないのではないかというのが私自身の感想でございます。

　他方で、自由意思要件については、ここから、先ほど申し上げたように要件事実の講演会でございますので、事実認定の枠組みとしてではなくて、要件事実上、合意とは別個の要件と考える見解もありますので、それを前提にしてさらに検討を進めますと、このような見解においては、合意の効力を主張する使

用者において、意思表示の合致による合意の存在とは別に、主要事実として自由意思要件を主張立証する責任がある、自由意思要件を規範的的要件として捉えるとすれば、これを基礎付ける具体的な事情を評価根拠事実として主張立証することとなると考えられます。

　また、自由意思要件を主要事実として捉えた場合においては、さらにこれを合意の成立要件と捉える見解と、その効力発生要件として捉える見解がありまして、この点については、先ほど述べましたとおり、伝統的な意思表示理論においては、意思表示に係る表示行為の合致がある場合の内心の効果意思の有無ということにつきましては、合意の成否、合意の成立の問題ではなくて、意思表示の瑕疵の問題と考えることが一般的であることからすると、仮に自由意思要件を労働分野における労働者にとっての不利益合意の中での別個の要件として必要とする場合にも、やはり成立要件ではなくて効力発生要件と捉えることが相当でないかと思われます。

　こちらは、後ほど言及しますけども、川口先生の脚注8（本書101頁）のご論稿において、意思表示の瑕疵のうちの意思の不自由、動機の錯誤等の主張立証は、事実上、使用者の自由意思要件の主張立証に吸収されるというというふうな整理がされています。

　ここまで自由意思要件の背景も踏まえて、最高裁判例の流れを概観し、また、その自由意思要件の位置付けとして、それが事実認定の枠組みと考える、また、そうではなく、合意とは別の、合意の成立要件、または効力発生要件の主要事実として考えるのかというところを若干検討させていただきました。

5　自由意思要件の射程

　続きまして、レジュメでいいますと5番（本書101頁）のところに入りますが、自由意思要件の射程というところについて述べさせていただきたいと思います。ここまで検討し、また、先ほど最高裁判例の概観の中でも述べたとおり、自由意思要件は、シンガー・ソーイング・メシーン事件、日新製鋼事件では、いわゆる賃金全額払いの原則との関係において、退職金債権の放棄や、合意に基づく相殺の事案で示され、また、その後の均等法との関係でも、均等法が禁止するものに当たるかどうかという点から示されたのに対して、山梨県民信用組合

事件においては、就業規則上の労働条件の不利益変更において自由意思要件の考え方が採用されるに至っておりまして、この点については、山梨県民信用組合事件の最判の判例解説においても、先ほど来何度も申し上げている合意原則の実質的意義のところですけれども、それが自由意思要件の背景となっている基本的視点というのは、労基法24条、賃金全額払いの原則の問題となる場面に限定されるものではなくて、就業規則に定められた賃金や退職金に関する労働条件の不利益変更に対する同意の有無が問題とされた場面にも、共通する基底を有するものとして捉えることができるという旨が指摘されています。

　そうすると、このような最判の流れや、今述べました判例解説における指摘内容を踏まえますと、自由意思要件というのは、当初は労働者の同意を理由とする労働者保護のための強行規定の適用除外に係る合意について慎重に判断するための基準として用いられたものであると考えられますし、均等法9条3項の禁止する取扱いに実際の具体的な措置が当たるかが問題となった広島中央保険生協事件も、このような流れに位置するものと解することが可能ではないかと考えております。

　これに対して、山梨県民信用組合事件は、その自由意思要件の背景となっている合意原則の実質的意義、これは労使間の格差を前提とした自主的な交渉の下での対等な立場における合意ということの要請ですけれども、その観点から、強行規定の適用除外という問題ではない、賃金等に係る、就業規則ではありますけども、その不利益変更に対する労働者の同意の有無の問題にまで、その射程をかなり広げたものと解することができます。これによって、この講演の最初にも少し述べましたが、実務上はこの判例を引用した上で、労働者側から自由意思要件に基づく合意の有効性についての主張がされて、それが争点化するということがかなり増えているのではないかなというのが実感です。

　この点について、山梨県民信用組合事件の判例解説においては、就業規則による不利益変更の事件だったのですけれども、更にどこまで広がるかという観点については、同意の有無というのが他の場面においても問題とはされ得るものであるけれども、説示からは、他の場面にも判決のような考え方が及ぶことを直ちに肯定するものとも、また否定するとも解しがたいとして、他の場面における自由意思要件に係る同意の有無の判断については、個別の検討を要する

ものとして、今後の議論に委ねる趣旨であると解されるとしております。

　ただ、一連の最高裁の判例を受けまして、多数の裁判例においては、自由意思要件については、山梨県民信用組合事件のような就業規則上の労働条件だけでなく、労使間の合意に基づく労働条件の変更の場面においても用いられるようになっておりまして、学説においても労働条件の不利益変更一般に係る労働者の同意の有無の問題として論じられていることが多く、少なくとも実務上は、労働条件の不利益変更に関しては、その一般に係る問題であるというふうに取り扱われていると思われます。

　しかしながら、実務上はこれも実質的意義のときに述べましたけども、労働条件の不利益変更のみならず、労働者にとって不利益な内容を含む合意、すなわち地位確認請求における使用者側の抗弁としての労働契約の終了事由、解雇等とは別に、合意解約の主張がされた場合に、労働者側から、当該合意解約について、仮に形式的な合意があったとしても、自由意思要件についての主張がなされ、その有効性が争われる事案が実務上数多く見られます。

　このような労働契約の終了、特に合意退職の場面を考えますと、裁判例は数多くあるのですけれども、自由意思要件に沿って合意について判断したものと考えられるものがある一方で、一連の最高裁判例、山梨県民信用組合事件がまずは前提となりますけれども、事案を異にするするとして、これを不要とするものも一定数見られます。この点、脚注9、10（本書103頁）のあたりで少し触れていますが、有名なところでは日本通運事件が、これは合意退職ではなくて更新合意についての裁判例でして、あとは本田技研工業事件、グローバルマーケティングほか事件について、直接的に、先ほどの最高裁が述べているような自由意思要件をそのままフレーズとして使っているわけではないのですけれども、判断枠組みがそれを引用しているとの指摘もなされています。他方で、裁判例の中では、脚注11（本書103頁）で触れていますけれども、労働者側は自由意思要件に係る主張をしているのに対して、明確に合意退職の場面においては射程外であるということで、その主張を排斥しているというものも複数あります。

　実務上は、退職合意については、合意書等のいわゆる処分証書が存在せずに口頭でのやりとり、よくあるのですけれども、「もう来んな」「もう辞めてやる

わ」みたいな口頭のやりとりだけがなされていて、そのやりとりについては争いがない場合もあるのですけれども、あとは、労働者が必要な、例えばカードキーであるとか、ドライバーであれば車の鍵を返しに来たとか、このような事後的な言動のみをもって退職合意の成立を使用者側が主張する場合もあります。このような場合には、自由意思要件を持ち出すまでもなく、先ほど黙示の意思表示のところでも述べましたけども、具体的な事実関係の下で、そもそも労働者の退職の意思表示があったかどうかというところの事実認定として、その存在が否定されている場合も多いと考えられます。

　一方で、使用者側と労働者側で退職に係る成立の真正に争いがない合意書等が存在する場合も少なくはないので、その場合においては、自由意思要件の枠組みを用いるかどうかというのは重要な問題となります。

　これ以降については、私自身の検討を踏まえた私見ですけれども、この点について、自由意思要件の根拠が既にこれまで何度も述べさしていただいたような合意原則の実質的な意義にあるとしますと、労働契約の継続を前提とした労働条件の交渉の場面と比較すると、使用者側からの指揮命令下からの離脱、完全な離脱ですけれど、退職については、その影響や不利益が労働者にとっても明確でありますし、交渉力等の格差を踏まえても、労働者において意思決定の基礎となる事情は十分に把握できるという観点では、労働条件、不利益変更の場面とはやはり事情はかなり異なるのでないかと考えられます。そもそも労働契約からの離脱という点に関しては、今の指揮命令下からの完全な離脱や労務からの解放という観点からすると、必ずしも労働者にとって不利益なものではないとも考えられますから、これらの点を重視すれば、抗弁としての退職合意の主張立証において、自由意思要件、これを主要事実として必要だという観点であれば、その評価根拠事実ということになりますけれども、または事実認定の枠組みと捉えた場合についての、その自由意思要件の枠組みに基づく検討は不要であり、山梨県民信用組合事件が指摘するような自由意思要件に係る具体的な事情というものは、再抗弁としての意思表示の瑕疵、合意の有効性に係る労働者側の再抗弁としての意思表示の瑕疵の中で検討されるということになると考えられます。

　このあたりについては、私見を述べさせていただきましたが、いろんな論稿

等の中で、これとは異なって、当然退職合意について自由意思要件の枠組みが用いられるという考え方もありまして、脚注の8（本書101頁）の川口先生の論稿などではそれがやはり必要であるということが前提になってるかと思われます。

　なお、地位確認訴訟において、使用者側は抗弁として合意退職、退職の合意を主張する場合に、仮に自由意思要件を必要との立場に立って、かつ、自由意思要件を事実認定の枠組みではなく、合意の成立、意思表示の合致とは別個の主要事実として必要であると捉えた場合、自由意思要件に係る評価根拠事実、評価障害事実に関して、本来、意思表示の瑕疵として、再抗弁として主張されるような動機の錯誤、詐欺、強迫については、これを自由意思要件と両立する事実として構成することは困難であると考えられますから、この意思表示の瑕疵というのは再抗弁として整理できなくなるという可能性があると考えられます。それについては、先ほどの脚注8の論稿では、事実上吸収されるというふうに表現されています。

　先ほどから述べてきたとおり、最高裁の判断というのはやはり、実務上は自由意思要件について事実認定上の枠組みとして捉えられていると考えられますし、私自身もそのように考えるのが妥当ではないかと考えている一方で、今回、要件事実の講演会ということですので、自由意思要件を合意とは別個の要件と考える見解を前提として、地位確認請求の事案において、試行的にですけれども、要件事実を整理すれば、ブロック・ダイアグラムとして書かせていただいたのですけども、レジュメ記載のとおりになると考えております。地位確認請求の場面ですけれども、請求原因は、労働契約の締結と確認の利益を基礎付ける事実、これに対して解雇とは別に、合意退職の抗弁が主張された場合には、解約申出の意思表示の到達とそれに対する承諾の意思表示の到達に加えて、自由意思要件を基礎付ける具体的な事実、評価根拠事実が抗弁として、それに対する再抗弁として、意思表示の合致の点については、承諾に先立つ労働者側からの撤回が一つ再抗弁になりますが、それとは別に、自由意思要件に関して、自由意思要件に係る具体的な事実、評価障害事実が再抗弁にまわるということになるかと思います。

　一方で、先ほどからこの再抗弁として本来合意に対する効力を争う再抗弁と

して、意思表示の瑕疵、動機の錯誤等があるのですけれども、このブロック・ダイアグラム上は、この再抗弁としての意思表示の瑕疵を書かせていただいたものの、そのような瑕疵で、抗弁の一番下に書いてある評価根拠事実、自由意思要件に係る評価根拠事実と両立すると整理することは可能かという観点からこれが難しいということになると、意思表示の瑕疵に関しては再抗弁としては整理されないということになろうかと思います。

6　おわりに

　私が早口でしゃべってしまい、だいぶ巻きになってしまったので、おわりにというところになってしまうのですけれども、今回のテーマは、私自身、この講演会の講演についてお声掛けいただいたことをきっかけとして、実務上は具体的事件において頻繁に取り扱う自由意思要件というものについて、その理論的な位置付け等について自分自身が検討できていなかったということを踏まえて、改めて研究者や実務家の方のご論稿等を参考にしながら検討を行ったものです。

　このテーマについては、講演やレジュメの中で触れさせていただいたもの以外について、最近でも『季刊労働法』などに連載されている「要件事実労働判例」の中で、最新号286号やその前の282号がありまして、いずれも労働条件の変更等に関わるもので、要件事実的な検討を行っており、今回の発表の参考とさせていただきました。今後も、今の実務の状況からすると、どのような場面においてこの自由意思要件が射程内にあるのかどうかというところについては、裁判例が蓄積されていくと思いますし、それによって検討が進んでいくものと考えております。

　本日の講演につきましては、甚だ不十分な検討となって大変お恥ずかしい限りですが、この後のコメンテーターの先生からのコメントや質疑応答も踏まえて、私自身さらに検討を進めたいと考えております。ぜひさまざまなご意見を賜われれば幸いです。

　最後になりますが、このような貴重な講演の場を頂いて、本日までさまざまなご準備等をいただいた田村先生をはじめとする要件事実教育研究所の皆さんに、改めて感謝申し上げまして、私の講演とさせていただきます。どうもご静

聴ありがとうございました。

　田村　植田類先生、大変にありがとうございました。それでは、ここで10分間の休憩を取りたいと思います。

　〈休憩〉

　田村　では、講演会を再会いたします。植田達先生より、テーマは「労働契約における競業避止特約をめぐる要件事実」ということでご講演をお願いいたします。よろしくお願いいたします。

［講演３］
労働契約における競業避止特約をめぐる要件事実

　植田達　よろしくお願いします。明治学院大学の植田と申します。本日は貴重な機会をいただきまして、誠にありがとうございます。私からは、「労働契約における競業避止特約をめぐる要件事実」というテーマでお話をさせていただきたいと思います。

Ⅰ　はじめに

　はじめに（本書105頁）というところですが、労働者が退職する際に、使用者が労働者との間で共有した自社の顧客情報や技術情報を守るために、労働者に対して誓約書などに署名させて、その労働者の退職後に使用者と競業することを禁止するということが実務上しばしば行われます。そして、労働者がこうした誓約書に違反したような場合には、使用者が労働者に対して損害賠償の請求であるとか、退職金の不支給措置といったものをとることがあります。このように、労働者が退職した後には、この競業避止義務が問題となることが少なくありません。

　今回お話しします競業避止義務というのは、労働者などの役務提供者、これをＹとしますけれども、Ｙが、使用者などの役務受領企業、これをＸとします

が、Xと競合する事業を設立したり、運営したりすることや、あるいは、役務受領企業であるXの競合他社に就職すること、Xの顧客を勧誘したり取引したりすることなどを控えなければならないといった役務受領企業Xに対する役務提供者Yの不作為の義務と、このように定義をすることができるかと思います。

　これに違反した場合には、使用者側は損害賠償や、競業行為の差止めを求めることができることになります。在職中の労働者であれば、使用者に対して労働契約に基づく付随義務である誠実義務の一環として、競業避止義務を負うことになります。

　しかし、労働者が退職した後は、競業避止義務の根拠となっていた労働契約はもはや存在しないということになりますので、競業避止義務を負わせるとなると、別の契約上の根拠、すなわち競業避止特約などが必要になると解されています。さらに、先ほど申し上げたような誓約書への署名などによって競業避止特約が仮に締結されたとしても、その特約は当然には有効にならず、諸般の事情を考慮して民法90条の公序違反として無効になるかが判断されると解されております。

　また、退職後に行われた労働者の競業行為に対しては、先ほど申し上げた競業避止特約に基づいて発生する競業避止義務の違反行為を理由とする請求のほかに、退職金を支給しないという対抗措置がとられるということがございます。これは、退職金の支給根拠ともなっています退職金規程に定められた退職金支給条項を根拠とする措置ということになり、そのような事案においては、労働者の行為が当該条項に定めるところの不支給事由に該当するかということが争点になることが多いかと思います。

II　競業避止特約に基づく請求

　ここから、競業避止特約に基づく請求と退職金の不支給条項をめぐる要件事実論について、具体的なことをお話ししていきたいと思います。まず、レジュメのII（本書105頁）の競業避止特約に基づく請求からお話しいたします。

1　訴訟物

　はじめに、1の訴訟物についてですけれども、退職後の労働者が負う競業避

止義務の発生根拠は、先ほど申し上げましたとおり、労働契約そのものではなくて、競業避止特約ということになります。この競業避止義務に違反した場合の法的な効果が、一つは債務不履行に基づく損害賠償請求であり、もう一つは不作為債務の履行請求としての競業行為の差止めになります。

　したがいまして、訴訟物としましては、レジュメにも記載しましたとおり、①の競業避止特約による債務の不履行による損害賠償請求権あるいは、②の競業避止特約に基づく訴訟の請求権という2つが考えられます。そして、これらの訴訟物を前提とするブロックダイヤグラムは、別紙の方でご提示しております【図1】から【図3】（本書122〜123頁）のように整理することができると思います。

　後にレジュメの2の(1)（本書106頁）でお話しする議論を踏まえますと、論点としては異なる条文に関するものですので、あくまで方向性を示すだけにとどまりますけれども、たとえば、その退職後の労働者の競業避止義務も労働契約の一部であるという側面を強調しますと、【図1】の方でお示ししておりますように、使用者と労働者との間の競業避止特約の締結は、就業規則の規定でも代替することはできるけれども、競業避止義務違反の損害賠償額の予定条項、予定合意はその効力は有しないという方向になるかと思います。

　他方で、退職後の競業避止義務というのは、もはや労働契約の一部ではないという性格を貫徹しますと、【図2】の方でお示ししましたように、この義務を就業規則の効力によって設定することはできないので、個別合意が必要になるということにはなりそうで、また、これに付随する賠償額の予定合意というのは無効にならないという方向になることが考えられるところです。

2　請求原因
(1)　損害賠償請求の場合

　それでは、レジュメの2（本書106頁）、請求原因に移ってまいります。(1)の損害賠償を請求する場合から見ていきますと、訴訟物①の競業避止特約に基づく債務の不履行による損害賠償請求権という権利関係を基礎づける請求原因としましては、レジュメにもありますように、①使用者と労働者との間における競業避止特約の締結、②労働者による①の競業避止特約の違反、③損害の発生

および数額、④特約違反と損害発生との間の因果関係、これらが挙げられるかと思います。

　個別に見ていきますと、①競業避止特約の締結については、典型的には、先ほど申し上げたような労働者の退職時に使用者に求められて署名し提出する、競業を行わない旨の誓約書の提出が挙げられると思います。ただ、この競業避止特約を、誓約書などの労働者と使用者との間の個別の合意からではなくて、退職後の労働者の競業避止義務を明記した就業規則上の規定から基礎づけることができるのか、誓約書がない場合にそうしたことができるのかということが議論になり得るところでございます。

　2頁目（本書106頁）になりまして、就業規則の規定は、労働契約を締結する時、つまり雇入れ時におきましては、労働契約法7条本文の要件を、雇い入れた後に就業規則を労働者に不利益に変更する場合には、労働契約法10条本文の要件を充足すると、労働契約の内容になりますけれども、労働契約法7条本文・10条本文でいうところの「労働条件」という文言に、退職後の競業避止義務の有無や内容が含まれるかどうかという形で問題となります。

　この点につきましては、2頁目（本書106頁）にございますように、就業規則による競業避止義務の設定を不可とする【A説】と、これを可とする【B説】に分けられます。

　私自身の理解としてはA説で考えているところでございます。その理由としましては、先ほども申し上げましたとおり、労働者は、退職後はもはや労働契約に基づく競業避止義務を負わない立場にあるのが基本でございますし、契約終了後の競業避止義務という問題は、必ずしも労働者に限られた話ではなく、退任後の取締役や、フランチャイズ関係の終了した後のフランチャイジーにも同様に生じるということで、これは広く役務提供関係をめぐる契約上の問題全般にいえることであり、ひいては、契約による職業選択の自由に対する制約の問題として整理することができますので、その意味では、労働契約に特有の問題ではないと考えることもできるところです。

　ただ、これに対して、裁判実務では恐らく【B説】が主流なのではなかろうかと思います。【B説】によりますと、先ほどの①の個別の競業避止特約の締結に代えまして、レジュメに書いておりますが、❶使用者と労働者との間にお

ける労働契約の締結と、❷退職後の労働者に対して競業避止義務を課す就業規則上の規定、❸就業規則の周知、❹その規定内容そのものの合理性あるいは、その規定に係る就業規則変更の合理性、場合によって異なりますが、いずれかの評価根拠事実が必要になるかと思います。特に変更の有無に関する詳細については、レジュメの注6（本書107頁）で若干補足はさせていただいておりますが、大まかには❶から❹のように整理することができるかと思います。

　なお、❹の合理性のところですが、裁判例によりますと、競業避止義務規定それ自体、あるいはその追加によって生じる職業選択の自由への制約が過度なものでないかということを検討しておりますので、それに当たっては結局のところ、あとでレジュメ3の⑴（本書109頁）の公序違反のところでお話しするのと同様の事情を考慮するということになっております。

　3頁目のウ（本書108頁）のところでございますけども、さらに請求原因の③と④につきましては、競業避止義務の違反によって生じた損害としましては競業行為、すなわち債務不履行がなければ得られていたであろう逸失利益が、ここでの損害に当たるということになります。

　ただ、この逸失利益の立証や認定というのは困難を伴うことも少なくありませんで、そのような損害の立証が困難であるということが予想される場合に備えて、当事者間で予め合意による損害賠償額の予定が行われることがしばしばございます。これは民法420条1項に規定されている内容になります。

　しかし、労働契約の不履行ということになってきますと、たとえ損害賠償額の予定に関する合意があったとしても、労働基準法16条によってその合意が違法となり、無効ということになります。

　ただ、競業避止特約の場合にどうなるかということですが、退職後の労働者に競業避止義務を課す特約の不履行がはたして労働基準法16条にいうところの「労働契約の不履行」に該当するものとして、その競業避止特約に伴う損害賠償額の予定が労働基準法16条に違反するかどうかという論点が生じ得ます。

　この点につきましては、レジュメ3頁目から4頁目（本書108〜109頁）にかけて記載しておりますが、競業避止特約に伴う損害賠償額の予定というのは労働基準法の16条には違反しないという【A説】の考え方と、労働基準法16条に違反するという【B説】の考え方がございます。

一応、こちらも私見としては【A説】の方で考えているところではございますけれども、裁判例の状況としましては、16条に違反するといっているものと、16条の違反でないとしているものと、16条の中に触れていないものがある状況ですので、見解としては、必ずしも定まっているとはいえない状況かと思っております。

　それで、一応【A説】として考えている理由としては、レジュメの注11（本書108頁）に若干記載しております。具体的に申し上げますと、労働基準法16条の趣旨は、労働者に対して賠償額の予定等を通じて足止めをしたりすることを防止し、退職の自由を保障することにあるのに対して、競業避止特約や、これに付随する賠償額の予定合意は、その労働者の職業選択の自由に対する制約的な効果を持っているものということで、ただ退職そのものを制限するものではないため、労働基準法16条の趣旨は及ばないのではないかと考えているところでございます。したがって、【A説】の方が私見としては妥当ではないかと考えているところです。

　【A説】によりますと、請求原因の③と④でお示ししたものに代えて、レジュメの③′で示しました使用者と労働者との間の損害賠償額の予定の合意およびその内容を主張立証することもできるということになります。

　他方で、【B説】の立場を採りますと、競業避止義務違反によって発生した損害を③′によって立証するということでは足りず、やはり③と④の具体的な主張立証が必要であるとなるかと思います。

(2)　差止請求の場合

　レジュメの4頁目（本書109頁）に移りまして、(2)の差止請求の場合についても、簡単にではございますが、触れておきたいと思います。

　競業避止義務違反に基づく差止請求は、本来的には契約の履行請求としての性格を持っていますけれども、東京リーガルマインド事件決定が、競業差止めは労働者の職業選択の自由を直接的に制限するものであることを理由として、当該競業行為により使用者が営業上の利益を現に侵害され、また、侵害される具体的なおそれがあることという内容の実体上の要件が必要である、と述べております。

このことを前提としますと、訴訟物②である競業避止特約に基づく差止請求権という権利関係を基礎づけるためには、まずは(1)の損害賠償請求の場合と同じように、競業避止特約の締結と、労働者による特約違反が必要になりますが、これに加えて、レジュメ(2)の③＊（本書109頁）で示している、当該競業行為により使用者が営業上の利益を現に侵害され、または侵害される具体的なおそれがあることという事実に関する主張立証も合わせて必要になるかと思います。

なお、東京リーガルマインド事件が示したこの③＊の要件につきましても、裁判例においては見解が分かれているようでして、この要件を挙げているものと挙げていないものとが分かれている状況になっています。また、東京リーガルマインド事件決定は、先ほどレジュメの２頁目で申し上げました就業規則による競業避止義務の設定を可とする立場を採っている裁判例ですので、これによればレジュメの４頁目でお示しをしているように、①の個別の競業避止特約の締結に代えて、❶から❹の事実の主張立証によっても認められるということになります。

3 抗弁・再抗弁

⑴ 競業避止特約の有効性に関連する抗弁・再抗弁

請求原因が長くなりましたが、請求原因としては以上になります。ここからレジュメ４頁目の３の抗弁・再抗弁（本書109頁）に移っていきたいと思います。

競業避止特約に基づく請求をめぐる訴訟においては、特にその特約の有効性が争点となることが多いかと思われます。ですので、その抗弁の中心的な内容は、レジュメ３の(1)でお示しをしています競業避止特約の有効性に関連するものになるかと思います。

冒頭でも触れましたけれども、請求原因①の競業避止特約というのは、退職した労働者の職業選択の自由を制約するという効果を持っていますので、その内容が合理的なものでなければ無効になると解されています。そして、具体的には、使用者の正当な利益と労働者が在職中に当該正当利益に触れる地位にあったかどうかという競業制限の必要性や、競業制限の期間・地域・対象業種および職種・行為、代償措置の有無等を考慮して、競業避止特約が合理的な内容でなければ公序違反として無効になるという枠組みで判断されております。

公序違反は事実ではなく、規範的評価を理由とする法律要件、すなわち規範的要件ですので、当事者が主張立証すべき要件事実は、その規範的要件を基礎づける具体的事実たる評価根拠事実と、その規範的要件が成立するという評価を妨げる具体的事実たる評価障害事実ということになります。

そうしますと、競業避止特約の無効を主張する被告となっている労働者の方が、公序違反の評価根拠事実の主張立証責任を負うことになります。具体的には、使用者に正当な利益がないこと、当該労働者の在職中の地位が使用者の当該正当利益に触れうるものでないこと、当該競業制限が期間・地域・対象業種・職種・行為において過度に広範囲に及んでいること、代償措置が不十分であることなどを示すことになります。

他方で、競業避止特約の有効性を主張する原告たる使用者の方は、公序違反の評価障害事実を主張立証する責任を負うということになります。5頁目（本書110頁）に移りまして、具体的には、使用者に正当利益があること、当該労働者は在職中に当該正当利益に触れうる地位にあったこと、競業制限がその期間や地域、対象業種・職種・行為において正当な利益を守るために必要な範囲にとどまっているっていうこと、代償措置が十分である、あるいは代償措置が不要であることなどを示す必要があります。

ここからは、それぞれの個別の考慮要素について見ていきたいと思います。まず、正当利益は、契約に基づく職業選択の自由に対する制限が正当化されるために必要なものであると考えることができますので、その存在が認められなければ競業避止特約は、通常は公序違反になるという点で公序法理という枠組みの中でも実質的には競業避止特約の有効要件として機能していると考えることができます。

この正当利益の定義としては、たとえば、当該企業の競争能力の重要な部分を形成する企業特有の利益などが学説で述べられています。

この正当な利益を構成し得る情報としては、技術的な秘密や、経営情報、顧客情報など、様々なカテゴリーが考えられるところです。それらの情報が実際に正当利益を構成するかどうかは、通常獲得可能な一般的な知識や技能を超えた使用者独自の技術であるかどうか、競合他社に競争上の優位性を与えるかどうか、使用者がどれくらい資本投下して形成したものなのか、こういった事情

が考慮されることになります。

　したがいまして、今申し上げた事情のうち、正当な利益の存在を否定する方向のものは公序違反の評価根拠事実となりますし、正当な利益の存在を示すものは、公序違反の評価障害事実ということになります。特に正当利益が競業避止特約の実質的要件であると考えられることから、原告たる使用者が主張立証すべき公序違反の評価障害事実として、特に重要なものとして位置付けられるかと思います。

　次は、退職した労働者の在職中の地位についてです。競業制限が正当化されるために正当な利益があるだけではなく、競業制限を受ける退職労働者が在職中に、実際にその当該正当利益に触れうる地位にあったことが必要であることから、これも重要な要素になります。特に、この点で重要なこととしましては、当該労働者の正当な利益へのアクセスの有無ですので、その正当な利益を構成する技術情報や、経営情報、顧客情報に触れうる職務上の権限や責任を持っていなかったことが公序違反の評価根拠事実ということになり、それを持っていたということが公序違反の評価障害事実ということになります。

　単に職位などが高いという事実は重視されないと考えられていますので、その事実は、仮に公序違反の評価障害事実になると考えたとしても、それは主張立証上、重要な事情には恐らくならないかと思います。ただ、労働者の職責の重さというのは通常、報酬の多寡とも事実上関連することが多いと思いますが、報酬の多寡につきましては、あとで見ます代償措置のところで考慮されることがおそらく一般的かと思います。

　競業制限の範囲につきまして、特約が定めている競業制限の範囲の合理性は、その期間や、地域、業種・職種、活動内容・行為といった諸点から判断されることになります。

　先ほど申し上げましたとおり、公序違反を基礎付ける評価根拠事実の有無というのが主張立証責任の対象ということになりますので、たとえば、退職後5年間の競業を制限する特約は、過度に長期であるということが恐らく明白といっていい競業制限ですので、特約による競業制限が退職後5年間にわたるという事実は、公序違反の評価根拠事実と位置付けてよいかと思います。

　期間につきましては、より具体的には退職後2年を超えるかどうかが一つの

指標になっているのではないかと、裁判例の分析からは指摘できるので、一見すると、その2年を超えることが公序違反の評価根拠事実になるという考え方も成り立ち得るところではあるのですけれども、競業制限の正当化される範囲は、先ほど申し上げた正当利益の性質や内容によって決せられると考えられます。

そうしますと、退職後2年間という競業制限が、公序違反の評価根拠事実となるかどうかというのは、実は相対的な問題であり、場合によっては2年であっても過度に長期にわたるものとして評価障害事実になると考えております。

たとえば、競業制限が2年間であるということは、特約が2年間にわたって価値を保持しうるような情報を守るためのものである場合であれば、公序違反の評価障害事実ということになりますけれども、あくまで1年に限って価値を持ち得るような経営情報を守るための特約になってきますと、2年というのは過度に長期の制限で、公序違反の評価根拠事実になると考えられるかと思います。

このように、競業避止特約による競業制限の合理的な期間というのは、当該正当利益がどの程度の期間にわたって競争上の価値を有するかによって決せられると考えられますので、退職後2年という期間、さらにいえば退職後1年間という期間だったとしても、当然に公序違反の評価障害事実になるものではないと考えられます。

それから、特約によって制限される地域につきまして、地域の限定がない特約であっても、場所的に広く通用するような技術情報を守るためのものであれば有効とされるということになりますし、使用者が広い地域で事業を展開している場合も有効と考えられていますので、特に地域を考慮していないという裁判例もあり、地域的な限定がないことは、競業制限の公序違反性を判断するに当たっては、あまり重視されていない要素であると見ることができ、公序違反の評価根拠事実としてもそれほど重要なものではないと見ることができるかと思います。

ただ、使用者の行う事業が非常に地域密着的な性格が強いということがあれば、典型的には学習塾のうち、全国展開しているようなものではなくその地域で営業しているものを念頭に置いていますけれども、そのような場合について

は、広域に及ぶ競業制限というのは職業選択の自由に対する過度な制限となり得るということで、公序違反の評価根拠事実になり得ると思います。

競業制限の対象となる業種または職種につきましては、労働者が退職後に従事することによって正当利益が侵害される危険がある業種・職種を制限しているような場合には、これは不合理ということになりますので、制限対象となっている業種とか職種が正当利益との関係性が希薄なものであるということは公序違反の評価根拠事実ということになります。

さらに、制限される活動とか行為という部分につきましても、正当な利益が顧客情報であるような場合には、その禁止行為が顧客勧誘にのみ限定されているという事実は、職業選択の自由に対する制約は最小限度にとどまっているといえますので、公序違反の評価障害事実として機能することになりますけれども、その禁止行為がより広く、競業他社への就職であるとか、同種事業の設立・運営にまで及んでいるということになってくると、これは過度の制約として公序違反の評価根拠事実ということになるかと思われます。

以上を踏まえまして、改めて正当な利益についてみていきますと、当該正当利益が短期間、あるいは狭い地域、業種・職種にいたって競争力を保持しうることや、顧客勧誘禁止という限定的な制限によっても守ることができるものであることは、公序違反の評価根拠事実ということになります。

他方で、当該正当利益が長期に渡って、あるいは広い地域、業種・職種において競争力を持ち続けることや、顧客勧誘禁止など限定的な制限方法によっては十分に守られないことは、公序違反の評価障害事実ということになります。

このように、ある期間、たとえば２年間という競業制限や、ある制限地域、たとえば全国規模での競業制限といった事情は様々あるかと思いますけれども、これらの制限期間、制限地域などが公序違反の評価根拠事実となるか、評価障害事実となるかは、正当な利益の内容によって相対的に決せられることになるかと思いますので、公序違反の判断に当たっては、主に正当な利益をめぐる公序違反の評価根拠事実と評価障害事実の有無や比重、ウエイトを検討することが有益であると考えております。

ここでいいます公序違反の評価根拠事実は、職業選択の自由に対する制約である競業制限を正当化しない方向の事情であり、その評価障害事実は、競業制

限を正当化する方向の事情ということになります。

それから、レジュメ（本書113頁）エの代償措置のところに移ります。そもそもこれが競業避止特約の有効要件かどうかという点については学説上、議論がございます。一つの考え方は、代償措置を競業避止特約の有効要件であると考えるもので、レジュメで言うと【A説】の考え方になりますけれども、私自身の理解としては、【B説】のように、代償措置は競業避止特約の有効性判断の一要素であると考えるのが妥当ではないかと考えております。

裁判例も、【A説】に立ったと思われるものが少数でございまして、代償措置がないか、あるいは、十分でなくとも競業避止特約を有効にした例はございますし、また、代償措置には、様々な内容が考えられておりますところ、必ずしも競業制限との対価性を前提としている訳ではありませんので、要件化されているといえるほど定まったものが何かあるということではないかと思います。

また、解釈論としてというところですが、競業避止特約が公序に違反しているかどうかという枠組みで判断する以上、民法90条という条文から代償措置等の有効要件として読み取るということは、ちょっと解釈論としては難しいのではないかと考えているところです。

【B説】によりますと、競業避止義務を課すことに対する代償措置が講じられていないことは、直ちに競業避止特約の無効を導くというものではございませんで、公序違反の評価根拠事実として位置付けることができるかと思います。一方で、十分な代償措置が講じられていることや、代償措置が不要な状況にあることは、公序違反の評価障害事実になるかと思います。なお、今申し上げた代償措置が不要な状況というのは、たとえば、競業制限が正当な利益を守るのに十分に限定されているようなケースなどが考えることができます。

裁判例を踏まえますと、代償措置の内容としましては、賃金や、退職金、手当などの金額の高さが示されることが恐らく通常かなと思いますが、他にも、フランチャイズによる独立支援や、早期退職の対価となっている割増退職金を含めて、別々の裁判例ではございますけれども、代償措置と位置付けたような裁判例などもあり、内容としてはかなり様々なものが代償措置として位置付けられているのかと思います。ただ、このように様々な内容があり得るとしても、当然のことながら、公序違反の評価障害事実として機能する程度には差がある

と考えられるところでございます。

　8頁（本書114頁）になりまして、以上、正当利益や退職労働者の在職中の地位、競業制限の範囲、代償措置が多くの裁判例で考慮されている事情ということになりますけれども、その他にも、退職した労働者の背信性などを考慮した裁判例も見受けられたところです。

　労働者の背信性を考慮するということについて理論的に説明するのであれば、被告となっている労働者の行為に強い背信性が認められる場合は、その労働者が自由競争から逸脱しているものであると考えることができます。そうだとすると、競業避止特約の公序違反という職業選択の自由に基づく主張が認められるべき地位にないというような整理ができるかと思います。

　背信性を考慮するという理解からしますと、先ほど、正当な利益が競業避止特約における実質的な要件であると申し上げましたけれども、労働者に背信性が認められる状況下におきましては、退職労働者が持つ職業選択の自由の保障というものが弱まることになり、これに対する制約を正当化する利益の存在が必要不可欠なものではなくなると整理することができるかと思います。

　したがいまして、使用者としましては、競業避止特約の公序違反の評価障害事実として、退職労働者の背信性を示す事情を主張立証することができるかと思います。

　退職労働者がどういう場合に背信性があるといえるかですけれども、具体的には、その退職労働者が使用者にとって十分な代替要員を確保するのに、時間的に余裕がないような形で集団的に退職をするなど、大きな経済的な打撃を与える態様で意図的に集団的退職をしたようなケースが、労働者の背信性を示す事情としては挙げられると思われます。

　それから、競業避止特約締結の手続について挙げている裁判例や学説もございます。裁判例によっては、特約の有効性の判断要素として、対等な交渉力に基づいた従業員の真摯な行為が存在するかどうかという要素を挙げたものや、使用者が信義則上、労働者に対して競業避止特約の意味内容を明確に説明し、労働者が当該特約を容易に履行できるように必要な情報を提供する義務があるという形で、締結手続に関連する要素や、使用者の義務を示した裁判例もありますし、学説においても、特約締結の手続を考慮すべきとする見解もございま

す。

　こうした立場を採るとすると、競業避止特約の内容に関する説明を含む特約締結に対する手続が適切にとられなかったことは、公序違反の評価根拠事実になり、これがとられたということは、公序違反の評価障害事実になると考えることができるかと思います。

　以上が、競業避止特約の公序違反に関連する基本的な立証責任の分配ということになりますけれども、一旦ここで、レジュメには記載がございませんが、補足といたしまして、競業避止特約による職業選択の自由に対する制限というのが、基本的には正当な利益があることによって、その必要な範囲に限って正当化されると考えることができます。先ほど申し上げたように、正当な利益が特約の実質的な要件になっていると考えることができる訳ですが、先ほど、山川先生の第1のご講演にありました解雇権濫用法理と同様に、競業避止特約についても労働者側が負う公序違反の評価根拠事実の主張立証負担を、実質的に軽減する発想がここでも必要になるのではないかと考えることができるかと思います。

　それをどのように実現するかということなのですが、競業制限の範囲に関する内容というのは、基本的には請求原因①に出て来ている競業避止特約の規定内容から、ほぼ明らかですので、たとえば、労働者の公序違反の評価根拠事実の主張立証としまして、代償措置がなかった、であるとか、それが不十分であったことを主張立証するということをもって一旦足り、使用者が、その競業避止特約に規定されている競業制限による職業選択の自由に対する制約が正当利益によって正当化されること、あるいは、代償措置が十分であったかもしくは不要であったことを立証するということをもって評価障害事実として認められるという構成が考えられるのではないかと考えているところですが、これはまだ検討中のところでもありますので、もう少し考えていきたいと思っているところです。

(2)　競業避止特約の有効性以外に関連する抗弁・再抗弁

　以上が競業避止特約の有効性に関連する抗弁と再抗弁ということになって、8頁目(2)（本書114頁）のところで、競業避止特約の有効性以外に関連する抗

弁・再抗弁について、若干ですが、触れていきたいと思っています。

　まず、アのところですが、先ほどレジュメの２頁目でご説明した就業規則による競業避止義務規定と設定の可否つきまして、これを可とする【Ｂ説】を採用し、且つ、請求原因①❹の規定の合理性についての評価根拠事実が原告たる使用者によって主張立証された場合、その評価障害事実を被告たる労働者が主張立証するということになります。

　これは先ほど少し触れましたけれども、この規定の合理性の評価根拠事実と評価障害事実は、基本的には個別合意によって締結された競業避止特約の公序違反の評価根拠事実・評価障害事実、つまりレジュメの一つ前の項目でお話をした内容と、基本的には同様になるだろうと考えております。

　それから、イの損害賠償額の予定の合意の公序違反の評価根拠事実についても、３頁目から４頁目に掛けての２(1)ウのところ（本書108頁）でご説明しました競業避止特約に伴う損害賠償額の予定の労働基準法16条適用性の問題になりますけれども、その点につきまして、16条には違反せず、賠償額の予定は可とする【Ｂ説】を採用した上で、請求原因の③′の競業避止特約に付随する賠償額予定の合意が実際に締結され、その効力を認める場合、たとえば、競業避止特約が労働者と使用者との間の労働契約の終了後の事柄を内容としているという事実を労働基準法16条の適用を基礎付けるものとして主張したところで、実際、その解釈は成り立たないという立場になりますので、これは無意味な主張として主張自体失当ということになります。

　それから、民法学の理論におきまして、現実の損害額と比較して著しく過大な、あるいは過小な損害賠償額の予定がされているような場合というのは、過大な場合は債権者、過小な場合は債務者による暴利行為として公序違反になると理解されているかと思います。

　この理論を前提としますと、被告たる労働者にとって現実に損害が発生していないこと、あるいは実損害が予定の賠償額よりも小さいことといった主張は、それ自体は賠償額予定の合意に対する抗弁にはなりませんので、主張自体失当ということになりますが、先ほど申し上げた暴利行為の可能性でいいますと、予定された賠償額が実損害額に対して著しく過大であるということを含めて、賠償額予定合意が暴利行為に当たるということであれば、公序に違反すること

の評価根拠事実ということになりますので、抗弁として主張することはできるかと思います。

　公序違反の評価根拠事実の主張立証によって、賠償額の予定合意がもし無効になれば、原告は改めて、本来的な主張立証としての請求原因③と④を主張立証しなければならないということになります。このことを要件事実論として位置付けますと、別紙の【図2】（本書122頁）にありますけれども、賠償額予定合意の公序違反の抗弁を前提とする予備的請求原因ということができるかと思います。

　このこととの関係で申し上げますと、実損害額が予定の賠償額に近いということは、賠償額予定合意の公序違反の評価障害事実になるかと思います。ただ、その賠償額の予定を無効にした場合の効果という話ですけれども、この場合、全部無効ももちろんあるのですけども、一部無効という形がとられることもあって、その一部無効を通じて実質的に予定の賠償額から減額するというような構成が採られることもあります。

　この構成を採った場合、たとえば、賠償額の予定合意について、社会的相当性を欠くような著しく過大な部分が一部無効として無効になるので、たとえば、n円を超える部分については公序違反で無効になるという形で、実質的に予定の賠償額から一部の減額をするという構成が採られるということがあります。

　競業避止特約に関し、ウのところになりますけれども、差止請求権を基礎付ける請求原因③＊のところで申し上げた営業上の利益の現実の侵害またはその具体的なおそれという事実の主張立証に対して、時間の経過あるいは違反行為の終了によって差止めの必要性を基礎付ける営業上の利益の侵害またはそのおそれがある状態が消滅したこと、これは元々あったものが消滅したということになりますので、一応、請求原因③＊と両立することになりますので、抗弁として主張立証することが考えられます。

Ⅲ　競業行為を理由とする退職金の不支給

　以上が競業避止特約に関するお話になります。9頁目（本書115頁）に移りまして、ここからは競業行為を理由とする退職金の不支給についてお話をしてまいりたいと思います。

この問題につきましては、損害賠償や、履行請求としての競業差止めなどの契約としての効果は導かないものですので、厳密には競業避止義務の問題ではないということになりますけれども、冒頭に申し上げましたように、労働者の退職後の競業行為に対しては退職金の不支給、退職金の支給を拒否するという対抗手段が採られることもあるということで、今回お話をいたします。

それから、今申し上げた問題の延長になりますけれども、使用者が退職金を支払ってしまったあとに、労働者が退職後の競業行為に及んでいたこと、すなわち、退職金規程の定めている退職金の不支給条項に該当するという事実が判明したということがありますと、使用者としては労働者に対して退職金の返還を請求するという措置も考えられるところです。

いずれにしましても、退職金制度を根拠にする法律関係が形成されていくわけですが、退職金制度を根拠として発生する法律関係は、様々な企業における退職金制度の設計のあり方や、退職金の債権の発生する仕組み、規定の仕方といった会社ごとの仕組みに大きく依存する側面がありますので、ここから申し上げる整理は、一般化には限界があるということは申し添えておきたいと思います。

1 訴訟物

まず、レジュメの1（本書116頁）の訴訟物についてです。使用者が退職金の支払いを拒否する前提として、労働者が使用者に対して退職金の支払いを請求することになるかと思います。労働者の退職金債権というのは、労働契約の締結からは当然には発生しませんので、その発生には、退職金の支給条件や支給基準を定めた個別の労働契約、労働契約の根拠となる就業規則・退職金規定、労使慣行、労働協約といった契約上の発生根拠が必要になります。

したがいまして、この場合の訴訟物としては、レジュメの①の労働契約に基づく退職金支払請求権になります。

それから、先ほど申し上げた退職金を支払ってしまったあとに不支給事由に該当する事実が判明した場合は、民法703条の不当利得として退職金給付の返還を求めることになりますので、訴訟物は、②の不当利得に基づく退職金返還請求権になるかと思います。

これらの訴訟物を前提とするブロックダイヤグラムは別紙の【図４】【図５】（本書124頁）のように整理することができるかと思います。ここからの検討は、基本的に労働者から使用者に対して請求する場合、退職金支払請求訴訟を提起する場合を想定して、要件事実を検討して行きたいと思います。

2　請求原因

　２の請求原因について、訴訟物①の労働契約に基づく退職金支払請求権というこの権利関係を基礎付ける請求原因は、レジュメの９頁（本書116頁）でお示ししている通り、①使用者と労働者との間における労働契約、②退職金の支給条件および支給基準を定めた規定、③退職金の支給条件に該当する事実および支給金額を算定するための基礎となる事実が必要になります。

　このうち、③の支給条件に該当する事実というのは、端的に言えば退職した事実であり、支給金額の算定基礎となる事実というのは、退職時の賃金額や、勤務年数、会社都合退職であるかどうかなどがここに当てはまってまいります。

3　抗弁以下

　次に、抗弁以下のところですが、労働者からの退職金支払請求に対して、使用者が、労働者が退職後に競合他社に就職するなどして競業行為に及んだ場合、退職金不支給条項を根拠として退職金の支払いを拒否するという対応が考えられます。

　各企業の退職金制度においては、退職金規程などに不支給条項を定めて、労働者が懲戒解雇されたこと、あるいは懲戒解雇相当の行為をしたことなどの他に、退職後に競業したことなどを、退職金の全部または一部の不支給事由として定めることが広く行われております。因みに、退職金の一部支給というのは、しばしば「減額」と表現されることも多いと思います。

　したがいまして、退職金支払請求権を争っている被告たる使用者としましては、就業規則を根拠とする場合を前提としますと、抗弁として、レジュメの９頁の①・②でお示しをしますように、❶就業規則上の退職金不支給条項、❷就業規則たる退職金規程の周知、❸条項等の合理性の評価根拠事実があり、②不支給事由に該当する事実が必要になってきます。不支給事由に該当する事実は、

具体的には退職金制度の規定のしかたによりますけれども、退職後に競業行為をした事実や、退職後の競業避止義務を設定する規定があり、プラス、それに違反した事実が考えられます。

10頁目（本書116頁）に進みまして、抗弁についてアからウまで見てまいりたいと思います。まず、不支給条項の有効性という点につきまして、前提の議論として、（ア）にあります労働基準法24条1項本文の全額払原則との関係が問題となります。すなわち退職金も、支給基準が労働契約上定められていて、それに基づいて使用者が支払義務を負うものであれば、労働基準法24条1項でいうところの「賃金」に該当するということになりまして、そうしますと、抗弁①❶にある退職金不支給条項に関連しまして、この退職金不支給条項に基づいて退職金を不支給とする措置が、賃金全額払原則を定めた労働基準法24条1項本文に違反しないかが問題となり、これがしばしば、退職金債権の発生時期との関係で議論されています。

この点につきまして、退職金債権は、あくまで一般的にはという留保はつきますけれども、在職中に随時発生するという賃金後払的な性格が非常に強いものではなくて、支給条件に該当して支給基準に基づく算定を経て具体的に金額が確定したという段階で、すなわち、退職時点や、退職してから一定期間経過した時点で発生することが恐らく一般的だと思いますし、そのような形で勤続中の労働者の功労を評価するというフェーズが入るということで、功労報償的性格のある仕組みになっていることが一般的には多いと考えられております。こう考えますと、不支給決定時には賃金債権としては発生していないことになりますので、賃金全額払原則の問題は生じないと理解されることが多いかと思います。

この要件事実論的な整理をいたしますと、不支給事由は、債権発生の解除要件を定めたものになりますので、懲戒解雇相当行為や、退職後の競業行為などの不支給事由に該当して解除条件が成就したことは、退職金債権の消滅事由ではなくて、消滅事由ではないから全額払原則には違反しないことになり、権利発生障害事由としての抗弁として位置付けられると、このように整理することができるかと思います。

因みに、退職金支給条項に、一部のみの不支給が明示的に定められていない

場合もありますけれども、この場合についても、一部のみを不支給とすることは可能であるとして当該条項は解釈されることが多かろうかと思います。先ほど、賠償予定合意の一部無効のような発想かも知れませんけれども、そういう形で一部不支給、あるいは減額支給ということについて明確な言及がなかったとしても、減額支給が行われたりすることはあるということです。

　（イ）の公序・合理性というところにつきましてですけれども、①の不支給条項が労働基準法24条1項本文の強行規定には違反しないとしても、この内容が合理性を欠くということを理由として、就業規則の労働契約内容規律効に必要な合理性が否定されたり、公序違反となったりする可能性がございます。さらに、被告となった使用者は、抗弁①❸の合理性の評価根拠事実を主張立証するようなことになります。

　もっとも、労働者の懲戒解雇、あるいはそれに相当する行為があったことを不支給事由としているケースであれば、被告たる使用者が主張立証すべき抗弁として主たるものは、後のイで述べます功労の抹消・減殺の評価根拠事実になります。

　このように考えられている理由としてはいくつかあります。第一に、基本的には不支給条項は一般的・抽象的に定められているものだと思いますけれども、こうした不支給事由がそれ自体として一見不合理な場合は、規定自体の合理性が問題になることがあるかと思いますが、通常は、不支給条項自体は合理的であることを前提として当該労働者の具体的な行為が抽象的に定められている不支給事由に該当するかどうかが争点となるためです。

　さらに実体法上、労働条件そのものまたは変更された就業規則に合理性が肯定される場合、公序違反が別途問題となるかといわれると、そのようなケース自体があまり想定しがたいということがありますので、そう考えると合理性の評価障害事実の主張立証とは別に、原告による公序違反の再抗弁、つまり評価根拠事実の主張立証は、基本的には実益がないものと整理されるかと思います。

　ただし、今申し上げたのは主に懲戒解雇、あるいはその相当行為が問題となったケースでございまして、たとえばこれが、退職後の競業行為を不支給事由としている場合ですと、不支給事由該当性に加えて、その不支給事由自体が労働者の職業選択の自由に対する制約としての効果を持ち得ることから、その合

理性や公序違反性も問題になることがあって、この場合には、使用者は不支給条項の合理性の評価根拠事実や公序違反の評価障害事実の主張立証責任を負うことになります。

退職後の競業行為という不支給事由の合理性につきましては、レジュメの4頁以下のⅡ3(1)（本書109頁）のところで申し上げましたけれども、競業避止特約の有効性と、基本的には同様の判断がされることが多いかと思います。

ただ、一方で、退職金制度の功労報償的性格に着目して、不支給条項の合理性を主たる要件事実には位置付けずに、ただ不支給事由の問題にして、職業選択の自由への制約を考慮して、その不支給事由を限定解釈したという裁判例もあります。

レジュメのイの不支給事由該当性（本書118頁）というところになりますけれど、これは先ほど申し上げたとおり、ここが退職金不支給における主たる争点となることは少なくないかと思います。

不支給事由の該当性につきましては、懲戒解雇されたことや、懲戒解雇相当の行為があったことなどが設定されることが多いかと思いますけども、これに形式的に当てはまることをもって不支給事由該当性が認められるということではなくて、これに一定の限定解釈を加えた上でその該当性が判断されることが多かろうと思います。具体的には、当該退職金の功労報償的性格を考慮して、労働者の行為が長年の勤続の功労を抹消または減殺するほど著しく信義に反する行為であったかどうかにより、不支給事由該当性を判断することが裁判実務になっているかと思います。

この功労の抹消・減殺も一種の規範的要件であると考えることができるため、該当性を主張する被告たる使用者が評価根拠事実を主張立証し、評価障害事実を原告たる労働者が主張立証することになるかと思います。

退職金の不支給は今申し上げましたとおり、しばしば、労働者の懲戒解雇やそれに相当する行為の場合に問題となりますけれども、懲戒権濫用の評価障害事実と、功労の抹消・減殺の評価根拠事実とは重複すると解されてはいるのですが、理論的には懲戒解雇の有効性、つまり、労働者の行為は懲戒事由に該当し、懲戒解雇が懲戒権濫用にあたらないかどうかの問題と、退職金不支給の可否とは別の問題であり、退職金不支給の可否の方が、一般的には懲戒解雇の有

効性より厳格に審査をされると考えられています。

退職金には、賃金後払的性格が強い制度設計のものもありますので、その場合には不支給事由も特に限定して解釈されることが裁判例上は見られるところです。こうしたところから、退職金の持つ賃金後払的性格の強さは、これは制度設計から判断されることだと思いますが、功労の抹消・減殺の評価根拠事実として位置付けるということが可能であるかと思います。

以上のようなところからしますと、原・被告両者からの主張立証上の要点としましては、労働者の行為に現れる背信性の強弱や、退職金の功労報償的性格の占める程度、使用者が被った損害の大小・被害回復の優位性、労働者のそれまでの功労の大小、他の退職金不支給事例との均衡といったものが挙げられるかと思います。

退職金支給条項とその該当性に関しましては、レジュメの11頁（本書119頁）にもありますように、退職後の競業行為を理由として退職金を不支給とするためには、退職金規程の不支給事由としてそのような行為が明示的に定められていなければならないのか、どこまで厳密な制度設計が求められるかという問題が生じ得るところです。

この点につきましては、【A説】として挙げたものとして、「使用者に損害を与える行為」といった形で定め方が抽象的であること自体は不支給措置を否定するものではない、ただし、この場合には、一層厳格な限定解釈が必要であるという立場の裁判例があった一方で、12頁目（本書119頁）にあります【B説】のように、競業行為などを不支給事由として明示的な定めを置かなければならないという考え方もあるというところであります。

ただし、12頁目に書きましたように、【B説】の立場を採ったとしても、不支給事由として退職後に競業行為に及んだことや、退職後の競業避止義務違反といったものが定められていないという事態があった場合は、不支給措置の根拠規定がないということになりますけれども、この場合であっても、労働者の退職金の支払請求権の行使が権利濫用に該当するということがあり得ます。したがいまして、権利濫用の抗弁が一応成り立ち得ることになります。実際、退職金支払請求権の行使が権利濫用に当たるかどうかということについて、労働者に功労の抹消・減殺があったかどうかを考慮する裁判例もあるところでござ

います。

　ただし、適用可能な不支給事由が存在していて、その該当性が問われる場合と比較しますと、権利濫用が認められる範囲は狭い可能性が指摘されているところです。使用者としては、労働契約法7条本文等の要件を満たすことによって、退職金規程に不支給条項を定めることができる立場にありますので、そういう意味では、不支給事由が存在していて、その該当性が問題となっている場合と比較して、権利濫用の方が認められる範囲が狭いというのは、至極妥当な指摘といえます。

　そして、このように考えていきますと、不支給条項として茫漠たる事由しか定めていないときに、この権利濫用の抗弁によって解決される事案と大きく違うことはないだろうと思われます。【A説】を採った上で、そのような場合を想定していますけれども、権利濫用の抗弁が認められる範囲と大きく変わるものではないだろうということになりますので、使用者としては、不支給措置の根拠規定を整備しておかないと、訴訟においても自らに有利な法的な主張はできないということに繋がっていくのではなかろうかと思います。

　退職金不支給条項に関しまして、12頁目のウのところ（本書120頁）になりますが、最後に使用者側の不当利得返還請求権について簡単にではありますが、見てまいります。既払いの退職金の不当利得返還請求訴訟の場合ですが、使用者が原告となって、訴訟物が②不当利得に基づく退職金返還請求権という権利関係になりますが、この請求原因としては、レジュメにお示しした①から③が挙げられると思います。

　特に②③につきましては、レジュメ9頁3.の方で申し上げた抗弁①②（本書116頁）に対応しているということになってまいります。

　また、レジュメの10頁のアのところ（本書116頁）でも申し上げましたけれども、退職金規定上の不支給事由は、基本的に退職金算定の解除条件と位置付けられることができますので、この解除条件の事由に該当する場合に、労働者の退職金債権は発生していない、不発生ということになりますので、既払いの退職金は民法703条の「法律上の原因なく」行った給付ということになるかと思いますし、あとは、これ以下も基本的には同様で、労働者側からの請求のケースと対応する関係に立ちます。（イ）のところの抗弁でお示しをしたような事

実関係を、労働者側から主張するということになるかと思います。

ただし、違いとしましては、不支給条項がない場合であっても、労働者からの退職金支払請求に対しては、使用者の権利濫用の抗弁の可能性は残されることになるのですけれども、それと違って、不支給事由がない状況で退職金が支払われてしまったということが起こると、使用者が、たとえば不法行為などに基づいて退職金支払相当額の損害賠償を請求することができるかというと、それは困難であると考えられているところです。

IV おわりに

若干、時間オーバーしているところではございますけれども、最後になりますが、今回は貴重な機会をいただきまして、また、いろいろと田村先生をはじめ、ご準備いただきまして、まずはありがとうございました。私自身、これまで研究してきた競業避止義務と競業避止特約につきまして、改めて要件事実的な整理をさせていただく機会をいただいたものと思っております。

特に競業避止義務をめぐっては公序違反、労働法の枠組みで規範的要件を充足するかどうかが主たる争点になりますので、そのためか、しばしば、その結論の予測可能性が乏しいといったことが、実務からも研究からも指摘されているように思われます。

ですので、今回お話をさせていただいた内容は、争点整理や、立証活動、あるいは結論の予測や最終的な司法判断の場面において、少しでも不明確さを解消することに繋がれば幸いと考えているところです。

また、これは競業避止義務に限った話ではないのですけれども、要件事実論というのは、それを整理すること自体も勿論意味はあるかと思いますが、その検討を通じて実体法的な解釈論として成り立ち得るかどうかということや、それぞれの要件が持っている意味というものを改めて、理論的整合性を検証する意味でも非常に有益な思考方法であると私個人としては考えておりますので、そういった部分を改めて見直すことができて、大変いい機会となりました。

とは言いましても、今ここまでお話をした内容も、まだ検討不十分な点も多々ございますので、引き続き私自身、要件事実論を通じた労働法研究を継続してまいります。まずは本日このあと、ご参加の先生方のコメントや議論を通

じて、適宜、補足をさせていただければと考えております。

　少々長くなりましたが、以上で私のご報告を終えたいと思います。ご静聴、ありがとうございました。

　田村　植田達先生、大変にありがとうございました。それでは、ここでまた10分間の休憩を取りたいと思います。

〈休憩〉

　田村　それでは時間になりましたので、講演会を再開させていただきます。それではまず大平健城先生からコメントをお願いいたします。

［コメント１］

　大平健城　ただいまご紹介にあずかりました弁護士の大平でございます。本日は貴重なご講演の機会をいただきましてありがとうございます。非常に大変勉強させていただいております。また、このようなコメントさせていただくという、本当に恐れ多い機会を頂きましてありがとうございます。登壇者の中では最も若輩の立場で少ない経験の中からということで、大変僭越ではございますけれども、いくつかコメントをさせていただければと思います。どうぞよろしくお願いいたします。

　まず、全体的な所感からお話しさせていただければと思います。労働法と要件事実という大枠ですが、私も使用者側の労務を取り扱わせていただいている実務家の一人ではあるところ、改めてこの要件事実的な側面からこの労働法について考えさせていただきまして、本当にこの労働法における奥深さというところを改めて確認をさせていただいたところであります。また一方で、ある種未開拓の部分もあるのだなというところを今回改めて具体的に実感できた機会でした。

　具体的な詳しいところは、個別のコメントをさせていただきますけれども、山川先生のご報告の中でもそもそも整理解雇の中の４要件なのか４要素なのか、

はたまた３要素の話ですとか、要件事実的な整理をするにしても、そういう各個別の事案ごとに、そもそも実体法的な意味合いで要件要素にばらつきが出てきていたりしております。植田類先生のご報告の中でも、そもそも自由意思とは何なのかってところを改めて考える必要もあろうかと考えますが、先例の説示する内容をどのように解釈すべきかというところと、その射程として自由意思要件をどこまで要求すべきかも興味深い論点かと思います。植田達先生のご報告からでも、競業避止義務特約が目的としている利益と、それを守るための手段との相関関係の中から、とある事実が公序良俗違反との関係で評価根拠事実になったり、はたまた評価障害事実になったりというような形で、要件事実の角度から申し上げればかなり見通しの立てづらい分野になっておるんだろうなというふうに感じております。

　ところで、昨今の裁判実務の観点から申し上げると、迅速な審議というのが強く求められている中で、私も日々様々な手続きの対応をさせていただいておりますが、担当される裁判官の先生方には、要件事実をガシガシ整理していただきながら、ドライに進めていただいている方もいらっしゃる一方で、どちらかというと事案の全体像を解明するという観点から幅広く事実関係を当事者から主張することを求める方まで、いろんな方がいらっしゃいます。いずれにせよ、大きな流れの中では、やはり要件事実をベースにしながら迅速な審議をどう実現していくのかということ求められているのかなというようには受け止めているところです。

　そういった裁判実務の中で、労働関係の実務においては要件事実の見通しが立てづらいというのは、課題を感じる部分ではあります。特に評価要件に付きまとう部分かもしれませんけれども、とある事実関係がどう評価されるかが分からないという話になってくると、当事者の立場からすれば、要件事実的な分析はさておき、あれも出したい、これも主張したいという話に多分なっていくと思います。そういう意味合いから申し上げますと、訴訟における審理の迅速化との関係でいくと、労働関係の紛争というの本質的に何かかみ合わせが悪い分野なのかもしれないなというように思っているところです。

　これについて、学術的な側面からなのか、それとも実務的側面からなのか、私には分かりかねる部分ではありますけれども、要件事実的な整理を強く求め

ていく中で迅速化させていくべきものなのか、それとも労働法事件とはこうい
うものだと迅速化の要請は切り捨ててしまって、労働関係における社会的実態
を訴訟の現場で克明にしていくべきなのかと、色々な考え方があろうものと思
います。

　つまるところ、労働事件を要件事実的に解明していくということは、労働事
件を実務の現場でどう扱っていくべきかというところの本質的な問いにつなが
っていくようなところかと思いました。大雑把な所感で僭越ではありますけれ
ど、全体的な所感を述べさせていただきました。

　それでは個別のコメントもさせていただければと思います。まず山川先生の
講演に関してのところですが、今回「客観的に合理的な理由を欠き」というと
ころと、「社会通念上相当であると認められない」というこの二つの文言の関
係性というところで、大きく二元説と一元説というところの対立がある中で、
おそらく学術的なところですとか、実際裁判の判決文でという部分で申し上げ
ると、基本的に二元説的な理解がしやすいであろうというところにつきまして
は、私としても特段異存もないところではあります。

　一方で、労働関係の裁判ですとか、労働審判も含めてかもしれませんけれど
も、そういった現場的な感覚から申し上げれば、裁判官の訴訟指揮に帰着する
のかも知れませんが、あまり二元説的なものを意識したような運用というのは
少ないように感じております。と言いますのも、労働関係の裁判では、労働者
側からとりあえずたくさんの主張がなされますし、それに応じて会社側からも
たくさんの主張がなされていく。ある種、生の事実の殴り合い的なところがあ
るのかもしれませんけれども、そんな中でいろんなあれやこれやを議論してい
くっていうのは、労働裁判の伝統的な部分かなと思っておりますが、特に能力
不足による解雇については顕著なのかも知れませんが、私自身、飛び交う主張
が客観的合理性の話なのか、相当性の話なのかというところが分からない時も
あるというのが正直なところです。

　具体的な話で申し上げると、私が会社側の代理人として対応していた労働審
判において、能力不足による解雇を主張していた際、実際に裁判官から言われ
たコメントとして、「主張している能力不足ってのは何となく分かったんだけ

ども、これって改善の見込みがあるんですかね」というような質問をされまして、主張の補充を求められたことがあります。おそらくセガの裁判例を意識した指摘かなとは受け止めましたが、主張する能力不足が解雇を許す程度に達しているかどうかという意味合いでの、客観的合理性の問題の話をしておられるのか、能力不足は分かったんだけども、それを改善できるような指導とか警告というのをしっかりとしてきたんですかというような、社会的相当性の視点からの指摘なのかは、いまいちよく分かりませんでした。

　そして、当該裁判官とのディスカッションの中では、結局どちらを求めているのかは最後まで分からないまま、手続きは和解で終了してしまいました。

　こういった経験からしますと、審理を進めている場面の話と判決をする場面の話とは切り分けて考えなければいけない部分かとは思いますが、少なくとも審理を進めている場面では、二元説的な形で主張を整理している場面は、少なくとも私の経験の中では、稀なものではないのかなと感じております。

　それも踏まえた上で、要件事実上の位置付け的なところについてもう少し言及できればなと思うのですが、山川先生のレジュメの4頁目（本書94頁）の図のとおり、解雇の意思表示に対しては、その抗弁として権利濫用の評価根拠事実の主張が労働者側からなされると基本的には考えられます。要件事実的に言えば、権利濫用を主張する側がその主張立証責任を負うことは自然なことですし、それに対する会社側の再抗弁として評価障害事実が展開されていくことについては、理論的には、私もこれでいいんだろうと考えております。

　ただ、実務をしていてやっぱりここに対する違和感があるなというところで申し上げると、日本食塩製造事件の調査官解説でも指摘されているように、使用者側にほとんどの主張立証責任が負わされている、いわゆる正当事由説みたいな形で語られてはおられますけれども、本当にそれに近いような実務的運用っていうのがやはりあるということは肌で感じてる部分ではあります。実際に、労働裁判で労働者側は何を主張立証したのかがよく分からない一方、会社側がひたすら主張立証を求められるということが正直ありまして、そういった経験から、解雇権濫用という場面の中において、労働者自体にそもそも何らかの主張立証責任が負わされているのかどうかというところに関しては、私自身ちょっと疑問を持っているところではあります。

そこで、これは極端すぎる意見かもしれませんけれども、解雇権濫用の場面においては、労働者側はある意味でほとんど主張立証責任を負っていないと整理した方がいいのではないかと考えております。もちろん権利濫用の議論ではありますので、会社による解雇の主張そのものに正当事由の主張立証を求めるというのはおかしいということを前提にしますと、少なくとも労働者側から会社による解雇は権利濫用である旨の指摘は必要だとは思います。

　そして、労働者側から解雇権濫用の指摘があったことへの再抗弁として会社側が「解雇権濫用でない」ことの評価根拠事実を主張立証する責任を負うといった形で整理した方が幾分か実務における実態に沿うのではないのかなと感じております。

　これは本当に極端な考え方かとは思いますけれども、いま申し上げた考え方の方が、会社側がより広範な主張立証責任を負っているんだということについての説明がしやすいと考えた次第となります。

　次は、就業規則の部分にも少し言及させていただければと思います。就業規則上の解雇事由は例示列挙なのか限定列挙なのかという部分ですが、現場的な発想から申し上げれば、会社によっては就業規則を作っていないところもあり、特に事業所に10人いないところに関しては作っていないケースがほとんどかと思いますが、就業規則に書かれたものでしか解雇権が行使できないという考え方では違うだろうというようなところはあります。したがいまして、例示列挙的な形で考えるのが自然かなと思いますが、やはり就業規則に書いた以上は、会社に対しても一定の拘束力があって然るべきだろうと考えます。そういった意味ではやっぱり山川先生のレジュメでもご指摘いただいておりますように、定められた就業規則の解釈で、これが例示的なものなのか、限定的なものなのかを考えるというのが自然なのかなと思います。実際、私も就業規則における解雇事由の定め方に関してはシビアに検討しておりまして、一般的な解雇の要件に関しては抽象的に定めるケースが多いかもしれませんが、例えば試用期間を経て本採用を拒否する際の事由などは、その定め方があまりにも緩すぎたりすると、これぐらいの状況だと本採用を拒否（解雇）できないねみたいな話になってしまい、結果的に会社を縛ってしまったというケースに何度か立ち会ったことがあります。

整理解雇に関するところについてですが、4「要件」と考えるのは適切ではないとは考えておりまして、4「要素」というように考えるべきだと思いますし、個人的には、そもそも「4要素」にこだわるべきであるかどうかについても、疑念を呈する部分ではあります。例えば山川先生がご指摘いただきましたけれども、ナショナルウェストミンスター銀行事件の第3次の仮処分の部分では、そもそも4要素にはこだわらず3要素の検討をしておりますが、検討内容については個別に検討をする必要があるかなと思いますものの、解雇権濫用という大きな枠組みの中で柔軟な判断をしたということはよい判断だったのかなというように考えています。

　ただ、「要件」や「要素」というところに引っ張られて、要件事実がぐちゃぐちゃになってしまったりしますと、実務的には主張展開の見込みが立てづらくなってはしまいますので、そう簡単に結論は出せないのかなと思います。そうしますと、難波先生の発想のように、整理解雇というのはもう本当に別のものなんだというと割り切って考えてしまって、類型化してしまって整理する方が、もしかすると適切なのかもしれないなというようなところぐらいまで思うような次第ではございます。

　以上が山川先生に対するコメントでございます。

　では次に植田類先生のご報告に対していくつかコメントさせていただければと思います。

　まず、そもそも論的な話にはなってはしまうんですけれども、労働者にとっての「不利益な労働条件の変更」というのは一体何なのかっていうところに関して、もう少し学術的な議論を進めていくというのはあってもいいのかなと感じているところです。

　私も現場で対応する際には、レジュメにも挙げていただきました山梨県民信用組合事件等の先例を参照しながら、制度変更の内容や説明会等の手続きをどう設計していくのかということを考えて対応をしております。そうして制度設計を進めていくと、労働者に会社から提案される内容というのは不利益なことばかりではなくて、代償措置といった利益的な変更をセットにした一定のパッケージで労働者に対する提案をするケースが往々にしてあります。そして、そ

の会社の提案に対して労働者からの同意があって、一定の労働条件変更の現象が生じるという流れになると思うのですが、そうすると労働者が同意した対象というのは必ずしも不利益変更ばかりではなく、利益的なものも含まれているのであって、労働者による同意の対象が不利益変更であると一刀両断しづらいケースも多いのではないのかなというように感じている部分があります。

　ところで、要件事実的な角度の議論としては、自由意思要件の取り扱いというものが、同意そのものの間接事実的なものになるのか、それとも効力要件として外側に出るのかというところの論点が大きなポイントかと思います。

　私自身が考えるにあたって一番難しいなといいますか、考え方のポイントの一つだなと思ったのが、自由意思要件を成立要件の話にしてしまった場合、通常、労働者側から不利益変更の同意について成立を争うことが想定されると思われますが、場合によっては会社側から合意の成立を争うという主張ができてしまうのではないのかなというところです。

　といいますのも、自由意思要件が成立要件になってしまった場合、そもそも同意が成立していないので、法的な効果の意味合いでいうとおそらく絶対的な無効になるかと思いますが、そうすると、理屈の上では会社側からも無効を主張できることになるかと思います。先ほど申し上げたとおり、制度変更の内容には利益的な措置が含まれているケースもあることを踏まえますと、会社の都合で後からその利益的な措置に関しても含めてやっぱり無効ですということを会社が主張するのは許していいのかというところに関しては、もう少し議論をした方がいいのかなというように感じたところではあります。

　一方、効果要件的に考えた場合には、意思表示の瑕疵と同じ文脈で、表意者保護といった発想も出てくるものではありますので、主張権者が限られるという議論も出てくるでしょうし、そもそもこの自由意思要件というものが語られるようになったのは、労働者側が収集できる情報がそもそも少ないことや、会社に対する交渉力が足りないというところをベースにしたところがありますので、そういった意味では効力要件的に考えるのも理屈としては十分あり得るのではないかと考えるところです。

　最後に植田達先生のご報告に関するコメントをさせていただきます。

まず、競業避止義務という議論については現場で対応に困るテーマの一つだなと思っております。現場での対応で一番苦慮するのが、誓約書等に競業避止義務は設定されているのだけれども、違反行為自体をどうやって立証するのかというところになります。特にさほど大きくない中小企業だと、相手方の行動なんか調査し切れませんし、取引先にも踏み込んだことは中々聞けないというところもありますので、違反行為の立証については使用者側にマイルドに判断してほしいなというところはあります。

　ただ、競業避止義務をあまり簡単に認めてしまうと、やはり労働者側の自由な職業選択の自由を害してしまうというのはもちろんそうですし、最近の社会的な潮流で言えば、兼業、副業を促進するんだというところもありますので、競業避止というものについては慎重に考えていかなければいけないんだろうなというように今回のご報告を頂きまして改めて考えていたところではあります。

　ところで、植田先生のご報告において個人的に一番印象に残った内容としましては、競業避止義務の有効性の判断にはある種、目的手段審査的なところが取られているという点であり、競業避止義務を設定した目的の内容によって、その手段審査の中身が変わってしまうというところです。例えば、競業避止義務を設定した目的によっては、許される制約期間や競業を制限する地域等が変わってしまうというところは、会社側、使用者側からすると本当に予測が立ちづらいものになっており、要件事実的な意味合いからも何らかのガイドライン的なものがあった方がいいのだろうなというように感じてはおります。

　今回を契機にいろいろ調べさせていただきましたけれども、経産省が競業避止義務に関して、過去の裁判例等をまとめて考え方のポイント等を公表してはおりますが、さすがにあれだけでは世の一般の会社が、就業規則や誓約書、競業避止に関する契約書などを適切に作成するのは難しいだろうと思います。そういった意味で、ビジネス的な角度から、こういう利益を目的とする場合にはこういう制約は原則許されるべきとか、この場合にはこの制約は原則許されないですとか、一定の類型化していくことを目指した、ひとまとまりの議論というのが何かあってもよいではないのかなというように考えています。

　私からのコメントは以上となります。ご清聴ありがとうございました。

田村　大平先生、大変にありがとうございました。続きまして倉重公太朗先生よりコメントをいただきたいと思います。

　　［コメント２］

　倉重公太朗　よろしくお願いします。弁護士の倉重です。第一東京弁護士会です。経営者側でやることが多いのですけれども偏らないような意見を心がけたいと思います。アカデミック出身ではございませんので、実務的な意見ということでご了承いただければと思います。

　まず総論でありますけれども、やはり実務的にはご承知のとおり労働審判が非常に多いものですから、その簡易迅速な解決というところが実務上は非常に求められていて、ともすれば、労働事件は、悪性格立証なども含めて、感情論になりやすい上に、さらに「早く早く」ということを言われると、これは自戒を全部込めてですが、雑な主張をお互いにやりがちであります。ですので、この要件事実を意識することというのは特に重要だろうというふうに思います。

　他方で、特に山川先生の解雇権濫用の話にも関連しますけど、裁判所は本当に厳密に二元説とかやっているのだろうかという点が極めて疑わしく、答えなど実はないのではないかと思うところもなくはないのですが、とはいえ我々実務家も含めてこれは諦めずに答えを探していくという姿勢が大事なんだろうなと思っています。特に今日本型雇用の変革時期でありますし、昭和の高度経済成長期等で作られた解雇権濫用の法理が、今後どう動いていくのかとか、解雇の金銭解決制度等も含めてですが、まさに社会通念みたいなもの、そのものが動いている時期だと思いますので、だからこそ冷静に、今どの話をしてるのかという意味でこの要件事実論というのは二重に大事になってくるのかなと思います。

　最初に山川報告に対するコメントをさせていただきたいと思います。先ほどの大平先生と同じように、そもそも一元で考えるのか二元で考えるのかというところは、私も同意見で、実務的には必ずしも二元ではないというような考え方も結構多いんじゃないのかなというふうに思っております。ただ、特に社会通念上の相当性というものを、二元説に立つ場合は別に考えるということに意

味があると思いますので、それがどういう場合なのかと、こういうところを山川先生にレジュメに書いていただきました。GCA サヴィアン事件ですか、こちらは社会通念上でその例を書いていただきましたけれども、これが果たしてどういう意味を持ちうるのかということです。そしてそれが例えば今後社会通念上の相当性でいうように、PWC の事件でもありますとおり、金銭支払いとかが有効になりうるのか。例えば賃貸借のときの金銭の支払いのように、退去事由の正当事由を補完するかのような考え方に今後社会通念も含めて移っていくのかどうかとか、そういったことであれば当然これは合理的に言うと明らかに違う話ですから、検討する意味も出てこようかと思います。

　山川先生のレジュメの３頁目（本書93頁）ですけれども、二元説による場合でもどちらの要件の話なのかが判別困難なケースとかそういうのが(3)のところで示されております。ここでまず警告指導等を経て行われた解雇の話が何回も出てきましたけれども、確かにその手続的なところをどういうふうに見るかは結構難しいなと思っておりまして、それはやはり手続的な、つまりその警告指導等がないまま現時点の能力不足はあったとする。とは言っても結局他の仕事とか、あるいはその注意指導の機会、教育機会等を経ていないがゆえに、結果的にそれは結局能力不足なのではないかという見方もできるところでありまして、これは結局位置付けの問題にもちろんなってくるのですけれども、どっちの問題なのかと考えるのは非常に難しい話であります。

　関連してこのレジュメの記載に付記して考えるならば、例えばその正社員と無期転換者と、これ明らかに立場、役割が違うといいますか、同一労働同一賃金の観点からも、役割が違う中で例えば解雇事由としては就業規則上の正社員就業規則と無期転換者就業規則で全く同じ解雇事由が書いてあったとして、例えば「著しい能力」不足とか、これが同じだったとしてもその解釈適用はおそらく違ってくるだろうなとは思います。これは契約社員からの無期転換者の解雇事例に関しては必ずしも実例が積み重ねられているとは言えないですけれども、従前からの日立メディコ事件等から考えても、やはりその役割が違うということにより、「自ずから差異がある」というふうな言い方を裁判例もしています。これと同じような発想というのはこの正社員の無期転等でもあり得るのか。そうすると同じ解雇事由該当性、就業規則の文言が同じだったとしても、

やはり適用に差異があるみたいな話が出てくるとすると、これは合理的理由の問題なのか、社会通念の問題なのかというのを考えるのは非常に難しい、位置付けは難しいなと思っているところです。

　また能力不足の点でいえば、幹部候補で採用した方、いわゆるポジションが高い方ですよね、要件定義、こういう役職で必要な能力とかも求められていて、こういった場合には必ずしも警告指導等はいらないというようなケースもあります。そういったケースにおいてはどういうふうに考え、これは社会通念を考えないわけではないと思いますけど、結局合理的理由だけの話になるのかというと、こういう二元説、一元説はかなり渾然一体としてくるなというふうに思うわけです。

　それから職務限定の場合、勤務地限定のお話もあったかなというふうに思いますけれども、特に職種限定とか勤務地限定、あるいは最近だとジョブ型雇用なんていう話もありますけども、これは要するに配置転換とか職種変更をやらなくていいケースの話になってくると思います。そうするとこの山川レジュメの(3)の①（本書93頁）、配転による対応が可能な場合というものでなくなっているので、こういう場合においては当然配転せずとも、その職だけでの適用で考えるってことをやっていくでしょうし、最近のジョブ型雇用、最初から営業職採用とか人事部採用とかいうケースにおいては、もちろんその中での能力不足ということが問題になってくるだろうなと思います。結局、その会社でどういう雇用慣行があるかっていうこともこの要件事実の判断に影響を及ぼしうるのだと思います。特に滋賀県社会福祉法人の最高裁の判決が出て以降、「配転の命令はできないけども打診が必要か」みたいなお話がありました。配置転換の命令はできないけれども、その部門がなくなるときの整理解雇はどうするという実務的問題がある中で、一つの解雇問題というのは何かで差を付けなければ通常の配転可能な人と全く同じ判断基準ということはないと思うので、そこを一体どの要件で検討するのかというところが重要になってくると思います。

　それから山川レジュメ5頁目（本書94頁）の限定列挙説と例示列挙説ですが、これも大平先生と同じ意見でございまして、これは民法的解雇ということと別に、これを約定解雇と言い続けるのかという問題とも関連するかなとは思いますけれども、個人的にも限定列挙には限られないと思っております。

それから整理解雇の話ですけども、こちらは昨今の問題という意味では、先ほど申し上げましたジョブ型雇用においてジョブが消滅した場合とか、こういうときは一体どういうふうに考えるのか、これもやはり四要件で考えると硬直的になりがちなので、やはり四要素で相互関連するのが良いのではないかなと思っています。それで、先ほど出てきた三つの要素と考えた場合に、手続以外の他の要素がそれぞれ相互関連し、手続は別だという意見もありましたけれども、実務的に考えてみますと、例えば労使協議の中で、その人選をどうするかであるとか、あるいは退職に当たっての保障をどうするであるとか、あるいは希望退職の条件を検討するとか、こういったことも当然労働組合と交渉することは実際ありますし、会社説明会をやって従業員皆さんから意見聞いて実際に施策に反映することもあります。そう考えると結局手続も含めて全部関連しているんじゃないのかなというふうに思います。もちろんそれは事案次第だということだとは思うのですけれども、そう考えるとやっぱり4要素ということで全体的に総合考慮なのかなとも思いますが、そうするとますますブラックボックスで判断難しいよなというジレンマは抱えているかなと思います。山川先生のご報告に対しては以上です。

　次に植田先生、植田判事のご報告に対するコメントをさせていただきます。この自由意思論も実務的に結構主張されることがある一方で、その位置付けは何なのかというのは、よく分からないまま主張されていることもやはり多いかなと感じるところです。そして報告者がご指摘されるように、自由意思要件は本当に独立しうるのかというところを考えると結構難しい話でありまして、最後のレジュメ9頁（本書104頁）にブロックダイアグラムを載せていただいておりますけれども、やはりその※印で書いていただいているとおりで、まず自由意思要件を独立の抗弁に位置付けると、これとその再抗弁の動機の錯誤と詐欺、脅迫が両立するのかという理論的問題を抱えているのは、ご指摘のとおりかなと思います。他方で、抗弁としては登場させずに再抗弁の中で自由意思がなかったことというのを、あえて独立して考えるとすれば、自由意思がなかったことというのを再抗弁で初登場させるやり方だったらあり得るのかなとも考え得るでしょう。そしてこれは詐欺、錯誤、脅迫と並列する形で再抗弁という形は

あり得るのかなということを話を聞きながら考えていました。

　それから退職にあたっても自由意思が必要かという話で、立川支部の事件で自由意思が必要だとしたものがあったかなと思いますけれども（TRUST 事件東京地裁立川支部　平成29年1月31日判決）、あれは妊娠とかのケースだったですかね。雇い止めのときの不更新条項みたいなものを入れるときには最判の自由意思論、これ明確に出てくるわけで、これと退職届の違いとは何なんだろうなというふうに考えてみますと、これは報告でも一部ありましたが、やはりその法的効果というものが労働者にとって当然分かる話なのか、それとも理解するのはなかなか難しいという話なのかという点にあろうかと思います。一般論としても退職届と書いてあれば、それは何の効果があるのかは大半の人が分かる話でありまして、他方で雇用契約書の中のたくさん文字がある中でわずか1行とか2行加わっている不更新条項、その意味をぱっと契約書見ただけですぐ理解するというのは、これは確かに難しいと思いますから、そこの説明があったのか、経緯はどうだったかという検討をすることにはやはり意味があるのかなと思います。退職届と不更新情報の相違というものがあってしかるべきではないのかと思います。結論としては自由意思論に関しては、私は事実認定の問題であるというところは全く同じ意見です。この点は、山梨県民信用組合事件でも「同意の有無については」という言い方をしていますから、その同意の有無の事実認定で、慎重になりなさいよという位置付けの話かなと、こういうふうにも思っております。

　それで、ただ慎重に検討しようという意味においてもまだある程度不利益を及ぼす場合もあります。もちろん先ほど大平先生からご指摘もあったように、何が不利益なのかということがありますが、ある程度不利益性を持つ場合には、慎重に考えるという前提があった場合に、いろんな場面でこれは問題になり得るんですね。この後の植田達先生のご報告とも関連しますが、この競業避止とか秘密保持とか、就業規則遵守など入社時に取るケースもあります、というかかなり多いと思います。それは就業規則に従いますと書いてあるだけの場合とか、あるいは具体的にその誓約の内容が書いてあるケースもあります。入社時にその誓約書を出さなかったら内定取り消しとか、そもそもいきなり入社時点からいきなり会社ともめる話になるわけですから、まあ、出さないなんてこと

はまずないわけです。でもそうすると、出さざるを得ませんでしたとかいう話になると、常に自由意思が否定されるのかという議論になり、そうなると自由意思論を使ってしまうと入社時誓約書はほぼ無効みたいな話になりかねないので、ここら辺はどういうふうに考えたらいいんだろうかいう実務上の問題をちょっと悩んだりしておりました。

　今後もジョブ型雇用を導入している企業は、ジョブ型雇用指針等も公開されているように増えてきつつある中で、本来的な意味でのジョブ型にするのであれば、それは配置転換命令権などがないことになるわけですから、仕事を移るとか、場所を移るとか、こういった場合には合意を締結することになり、また給料も上がったり下がったりということが増える中では、合意形成をする場面というのは実務的に増えていくだろうと思います。だから降格等も、今までは何となく伝統的に年功序列的に運用していたものを、給与を上げない場合があったり、それだけじゃなくて給与を下げる場合もちゃんとやりますと、こういうふうに運用しだす企業が増えてきているので、なおさらこの合意形成を図る場合というのは増えていますから、この自由意思論が出てくる場面は実務的にはむしろ多くなってくるのではないかなと思います。集団的な労使関係で一律の賃上げとか、そういったものからやはり個別的な労働条件設定というものに非常に各会社増えておりますので、そうなればなるほど、個別合意という構成というところは重要性を受け入れるのかなという意味で、意味のある報告だったかなと思います。ありがとうございました。

　最後に、植田達先生の報告でございます。これも先ほど大平先生からもご指摘があったとおり、立証が非常に難しい類型なので、どういう行為をしたかもそうですし、どういう損害を被ったか立証するのが非常に難しい。不正競争防止法の使い道は限られておりますから、実務的には結構退職されちゃった企業は大変だよなっていうところもあったりします。某コンサルに何千万も請求するという損害賠償もありましたけれども（東京地裁　令和4年2月16日判決）、非常に雇用が流動化していくにつれて、これもやはり問題化するケースが多くなっていくのかなと思います。それは職業選択の自由、雇用の流動化とバランスをどう図るのかというとこだと思います。

まずレジュメ２頁目（本書106頁）の就業規則によって競業避止義務を設定できるのかどうかというところでありますけれども、個人的には可とする方が適切ではないかなとは思っておりますが、まあ、ただ最終的にはそこの合理性判断をすればいいというふうに思っております。労契法10条の合理性なのか７条の合理性なのかという問題はもちろんありますが、ほとんどはもうすでに存在していて、そうであれば入社のときの７条の合理性判断というケースが多いのかなと理解しております。７条の合理性判断の程度について、どこまで厳しくみるのかというのは諸説あるところでありますが、労働者に不利益な場合には割と厳しめに見るという考え方も当然ありうるところで、そこの濃淡で区別すればいい話なのかなとは思っています。

　そして、レジュメ３頁（本書108頁）以降の労働、競業避止等特約に基づく損害賠償の話でありますけれども、労基法16条との関係性をいうところにおいて、やはり先ほどの競業避止と同様に、最終的な合理性判断の話だと思いますので、一律に労基法違反で無効という話にはならないとは思っています。

　それからレジュメ５〜７頁にかけて（本書111〜113頁）、競業制限の範囲、地域的なものだとか、時期的なものの話でありますけれども、こちらにつきましてはご報告にもあったと思いますけれども、競業内容ですとか、秘密にすべき内容そのもの、それどういう性質なのかということに、地域性ですとか時間的な制限だとか、こういった何を考慮するのかというのは変わってくるだろうなと思います。ですので、これも相関関係というか総合考慮していく話なのかなと思います。そのあとの損害賠償予定の合意の部分は、一部無効というような考え方も出てくるんですが、これはどういう意味なのかというと、「いくらいくらを超える範囲では無効」というような話があり得るという趣旨なのか、これは後でそのあたりの内容をお伺いできればと思います。

　最後に、退職金不支給事由の該当性、退職金不支給の話ですけれども、別紙図４（本書124頁）というのが最後の方につけられていると思いますけれども、この退職金支払請求のブロックダイヤグラムを見てみますと、この小田急電鉄事件等、長年、永年勤続の功労を抹消する程度なのかどうか、これをどう位置付けるかなのかなというふうに思っております。先ほどの自由意思論と同様に、別個なのか、併存なのか、あるいは何かの中の判断なのかということで、ある

いはその解雇の二元説と同じ議論なのかもしれませんけれども、不支給事由に該当する事実の中で、この永年勤続の功労の抹消と書かれているが、別なのではないかという考え方もあると思うんです。例えば退職金不支給事由を退職金規定の中に記載するケースについて、「懲戒解雇事由に該当するときには退職金を不支給にする」という書き方はけっこう実務的にあると思います。ただやはりこれは報告書でご指摘されているとおり、懲戒解雇事由の有効性と退職金不支給事由の有効性とは当然別枠の問題になりますので、懲戒解雇が有効だからといって不支給が有効とは限りません。ですから懲戒解雇の有効を前提としていたので、形式的には就業規則の、あるいは退職金規定上の不支給事由は満たすのだけれども、永年勤続の功労を抹消するのかというのはまた別の話ということになってくる。つまり、独立要件なのかなとも思ったのですけどこのあたりはいかがでしょうか。これは先ほどの解雇の二元説で合理的な理由を制限解釈するのか、相当性も別枠で考えるのかみたいな話と同じ議論になってくるのか、などと思っていました。

　最後に退職金請求の権利濫用論でありますが、理論的にはもちろんあるだろうなという理屈の上では分かるんですけれども、これは現実的にはあるんですかね。主張したら裁判官には笑われてしまいそうな感じがして。私の不勉強だったら申し訳ないんですけれども、これは判例はないという理解でいいんですかね。あるいはどんな場合だったらこれは認められるのか、よほど集団で移籍して損害を与えているみたいな、背信的だけども規定上は対抗できないみたいなケースもお話の中の流れで想定されているのかなというのを私は思いました。つたない意見ですみません。私からは以上です。ありがとうございました。

田村　倉重先生、大変にありがとうございました。

　それではただいまの大平先生、倉重先生のコメントを受けて、講師の先生方からお話しされたいこともあるかと思います。お一人10分程度とっていただいても構いません。コメントを受けて何かございましたら発言をお願いしたいと思います。それでは順番に、まずは山川先生からお願いいたします。

山川　コメント大変ありがとうございました。解雇につきましては、倉重先

生、大平先生両方とも一元説的な理解が実務では多いということで、それは判決からもある程度想像できるかなと思ったところでありまして、ましてやと言いますか、審議の段階ではおそらくそうだろうなというふうに思いました。といいますのは多分あまり実益がないと言いますか、二元説でも一元説でも変わらないから、特に審議の段階でどっちかに分けても事態が紛糾するだけみたいなところがあるのかなと思ったところであります。ですので、この問題はおそらくどういう場合に実益があるかということを考えるのが重要かと思いまして、少し申し上げたのは二つ合わせて１本ですね。独立では不十分だけれども二つ合わせると結局は有効になるという、そういう場合は実益がありそうな気はするんですけど、私自身はあまりそういうのはどうかと思っているのですが、あまり今までそういう事案にお目にかかったことがないものですから、それは検討課題かなとは思います。整理解雇のところも同じようなところがあるかと思います。

　あとはそれぞれのコメントについてお話ししますと、評価根拠事実について労働者側は薄くなっていて主張だけで足りるのではないかという大平先生のコメントがありました。申し上げましたように、これは実際上は正当事由説のような感じがしますので、つじつま合わせをするとそうならざるを得ないというようなことはあります。ただその最初の主張立証、あるいは争点整理の場面と、最後の審議の場面で、例えば主張だけして何も立証しなかったら多分正当事由説とはやろうとして排除する可能性は結構あるかと思いますので、後から振り返るか審議途中でも言うかというところ、大平先生がすでにおっしゃっていたのですけれども、そういうところかと思います。

　あとは整理解雇の４要素について、これは倉重先生もおっしゃられましたけど、大平先生の言われた４要素にすらこだわらなくてよいのではないかとおっしゃいました。そこはやはり整理解雇自体が歴史的な産物ですのでそういう要素はあるかと思います。それで、私自身は重要な要素と言っている高裁判決が比較的適切かと思っていまして、類型的に重要な要素で、ただそれ以外の要素が事案によっては出てくるかもしれないと。そのメリットは予防法務的にもあるのではないかと思っております。つまり弁護士の方々が例えば企業にアドバイスするときに、総合判断ですよと言うのと、それともこの４つが重要ですか

ら留意してくださいと言うのでは、かなり予防法務的な効果が違うのではないかと思っております。

あと倉重先生が言われた警告とか指導改善をしたかどうかという、これかなり悩ましいところでありまして、どっちとも言えそうな感じがします。多分一応実体的な解雇理由の方に引き付けてというふうに考えたのですが、考えてみたらそういう要素が残っていたということは、倉重先生がおっしゃったように能力が必ずしも解雇するほどではないということは、ある種間接事実にもなるのかなと思ったところであります。なのでここも難しい。これもあんまりひょっとしたら実益はないのかもしれないということですが、やはり労働法の場合いろんな事案がありますので、こういう場合だと差が生じるということを言うのが、なかなか難しいというところが労働法の難しさでもあるのかなと思ったところでございます。とりあえず以上です。ありがとうございました。

田村 それでは植田類先生お願いいたします。

植田類 大変貴重なコメントありがとうございました。私の方からコメントについて何点か感想じみたところを述べたいと思います。

まずは大平先生からご指摘いただきましたところで、使用者側からこの自由意思要件ということを主張することができるのかというようなことをご指摘いただいたかと思うんですけど、やはり今回の発表でも述べさせていただいたとおり、この自由意思要件が登場したところの趣旨が、労働者側との格差等を踏まえた公平原則にあるということからすると、これを労働者側が効力を争ってないにもかかわらず使用者側からこの点を主張してということはあまり想定されていないのではないか、これが感想でして、その意味で大平先生がご指摘されていたとおり、これを成立要件として解するのは相当ではないのではないかということは感じたところになります。

ただ通常その合意の中に労働者にとって不利益な点だけではなくて、利益的な点も含めたパッケージのような形での合意がなされているところについて、どのように考えるかというご指摘があったと思いますけど、これは本当にそのとおりで、実際私が裁判官として取り扱った事案の中で、固定残業代の取り扱

いについて、それまで事実上の取り扱いみたいな感じでされていたところを、明文化された形で就業規則が変更されたり、その就業規則には合意があるというようなときに、ほぼ法的に見ると、それまでの事実上の取り扱いというのは、固定残業代として、その合意を欠く、判別性を欠くというところで有効とするのは難しいなというところなのですけども、ただそれが黙認されていたと言いますか、その中でそれに合わせる形で就業規則も変えた、一応の説明はしているようであったときに、法的に見ると裁判所が当時のものを判断して就業規則と比べたときには不利益になるということがあるんですけど、それが果たして不利益なのかというところがその当事者間で議論になったところもありました。今のは実際の例なのですけど、まさにその不利益性というところは、どう判断するか難しいですけども、結局そこも含めて、山梨県民信用組合事件が指摘しているようなところに、合意内容がどのような性質のものなのかを取り込んで判断しているのではないかなと思います。

　次に倉重先生に頂いたコメントのところですけども、確かに入社時の誓約書のときとか、例えば秘密保持であったり、競業避止といろいろあるわけですけれども、この自由意思要件が先ほどから実質的な合意原則、実質的というところ、これが別途の要件であれ、事実認定の枠組みであれですけど、問題となっている合意の効果が一般的に認知されているかどうかという前提に加えて、労働者の従属性とか、交渉力格差というところを踏まえた、その自主性が確保されることが一般的に困難といえるかどうかというところから、この枠組みを用いるかどうかの判断することになりますと思います。先ほどコメントで触れていただいた労使の合意であるとか、入社時誓約書などのところは、労働関係からの離脱という退職とは異なって、労働関係を開始するかどうか、継続するかどうか、その中での合意ということになると、自由意思要件の枠組みを用いるという方向で考えることになるのではないか、その可能性が高いのではないかとは感じております。

　ですから入社式のときにそれを用いたら、結局それ諾否の自由がないじゃないかといって全て合意が飛ぶのかと言われると、すごく難しいなと思います。そこはちょっと考えなければいけないなというところです。そういう意味でやはり山梨県民信用組合事件を踏まえたという自由意思要件というのは今後もや

はり相当広い場面で、先ほど言った合意対象、単純かつ明快な場面と比較して、その時々の場面で主張されることになってくるのではないかという感想を持っております。

また、意思表示の自由意思要件の位置づけというところで、意思表示の瑕疵との関係で、別の再抗弁としてそれはないことということを主張させるという考えは確かにな、と思って聞いておりまして、今後の検討の参考とさせていただければと思っております。取り急ぎ私の方からは以上です。ありがとうございます。

田村　それでは植田達先生、お願いいたします。

植田達　大平先生、倉重先生、コメント頂きありがとうございました。

まず大平先生から頂いたコメントに対して、私なりのコメントをさせていただきたいと思います。まず競業避止義務に関して、違反した事実を立証すること自体が難しいというのは、実務的にやはりそうだろうという印象を私も持ちました。それは両先生が実際に実務で感じられているところかと思います。とはいえ一応の研究の対象になっているところは競業避止特約の有効性という部分になりますので、まずその点について申し上げていきたいと思います。

目的手段審査的なものであるというご指摘があったと思います。ある意味そのような部分はあるかと思っています。というのはまさに職業選択の自由を契約によって制限するという場面であり、憲法の職業選択の自由に対する私人間効力の話をここではしているということになりますので、そうすると憲法での議論と同じように、要するに法令や行政行為による制約が公共の福祉に基づき正当化されるかということと、発想としては一緒で、契約が定めている職業選択の自由に対しての制約として、それが公序との関係で正当化されるか、どこまで正当化される範囲が及ぶのかという話になると思うのですね。結局、そうすると、どうしてもケースバイケースであったり、各使用者がどういう事業を行っているか、どういう正当利益を持っているのか、対象労働者がどういう正当利益に対するアクセスを持っていたのかという、そういうものによって決定されたりする部分というのはどうしても出てくるところがあるかと思います。

秘密保持と競業避止も大きな違いはいくつかあると思うのが、秘密保持だと
その開示しているかとか、使用しているかとか、それゆえに、履行態様が分か
りにくい、執行が難しいという理由から競業避止特約が使われているという話
だと思うんですけれども、他方でその競業避止、秘密保持とか営業秘密保護の
話っていうのは、情報の価値っていう部分にはあまり重きを置かず、その秘密
管理性などの部分について、つまり合理的な秘密管理措置が取られているかど
うかっていうところに重きを置いて、その秘密性が一応半永続的に残っている
ということを前提としていることに対して、競業避止義務は職業選択の自由に
対する制限を伴うという観点から、その正当利益が一体どの範囲でその競争力
を保持し続けるのか、その使用者が投資をしたことに対してどこまで正当利益
が及ぶかという、そういう観点があるものと言わざるを得ないという、ある意
味情報の価値に着目した判断せざるを得ないっていうのが多分あると思います。
その意味で類型化していくというのがおそらく難しいというのはあるのだと思
います。ただ、特に実務家の先生方からの発想として、類型化を図った議論が
必要であるというのは、まさにおっしゃるとおりかと思います。

　一応ここからは私なりの理解としてお話をしますと、これは不十分な類型化
だと思いますけれども、例えば事業年度単位で価値を持つような情報というの
もあると思うのですが、経営計画であるとか価格情報であるとか、そういった
経営情報に関するものは、通常は１年度単位でしかその価値を持たないから、
１年の競業避止特約の期間は妥当であるという形で、類型的に整理することが
ある程度できると思います。また顧客情報で言うと、これはあくまでも行為態
様に着目した話ですが、要するに顧客情報を守るのに競業自体を禁止、制約す
るというのは明らかに行き過ぎだという場合が多いということになるので、あ
くまで顧客勧誘の禁止とか、顧客との取引禁止というところにとどまっていれ
ば、その範囲で有効であるとするものと思われます。おそらくこんな形で正当
利益の性質とか内容に注目して、どこまでの競業避止特約が許されるかという
議論をすることはおそらくできるかと思うのです。個別的にではあれ、やろう
とはしているという話だとは思います。

　ただ他方で技術的な情報のようなものが保護の対象になるとして、じゃあそ
れが一体どこまで競業避止特約として有効にできるかどうかというと、これは

結局その技術がいつ陳腐化してしまうかというところに関わるので、これは非常に難しい判断を迫られるということになるかと思います。それで、外国法ですと制定法などを設けて、1年以上、2年以上の契約は無効ですというような形で規制するということもあります。現状だと今言ったような形である程度は個別的に判断せざるを得ない、その中でどこまで類型化できるかというところを考えていくのかなと思います。少し長くなってしまいましたが、大平先生からのコメントに対しては以上のように考えているところです。

　倉重先生から頂いたコメントに付きましてですが、就業規則での競業避止義務の設定ついてですが、おそらく実務的には入社時か退職時に誓約書を取り交わす場合が多いと思いますし、大平先生からのコメントにも申し上げたかもしれませんが、競業避止特約は個別化させていくという話になっていくので、あまり就業規則による義務設定にはなじまないという側面は多分にあると思うのです。ただ、おそらく誓約書が使われることが多いと思いますが、現状は就業規則による設定も可能というのが実務的な理解だと思います。

　あとは労働基準法16条との関係でも、一律に16条違反にする必要はないというのも、これは私もそのように考えているところですので、あとはそれが暴利行為的なものにならないかどうかっていうところを見ていくっていうことになるのだと思います。それで、賠償予定の合意の一部無効の法律構成について、例えば100万円であれば100万円を超える部分については公序違反で無効であるというような判決が出されるかと思います。管見の限りだと競業避止特約に関して問題となった例はまだ見たことはないのですけれども、一般的な民法学における賠償予定合意の一部無効というのはおそらくそういう判決だったり、判断になったりするのではないか、N円を超える部分について公序違反で無効になるという整理におそらくなるかと思います。

　それから不支給事由と懲戒解雇事由の関係と言いますか、要するに永年勤続の功労抹消、減殺の関係というところですけれども、この点は報告の中でも申し上げたとおり、おそらく会社ごとの就業規則、退職金規定の定め方による部分があるところがありますので、一概には言えない部分もありますが、私の理解としてはまず不支給事由を一応の出発点とすることになるかと思います。その中でおそらく形式的には、あるいは文言上は懲戒解雇されたことや、懲戒解

雇相当行為があったこと、退職後何年以内に競業しましたなどがおそらく書かれていると思うのですけれども、要はその中で具体的な解釈として、不支給事由の永年勤続の功労抹消があったかどうかというところを見ていくのかと思います。

　ですので、不支給事由と懲戒解雇の話と捉えるのであれば一応理論的には別の問題になるのであり、不支給事由に基づく退職金不支給や、不当利得返還請求をするということであれば、極端な話、解雇が有効かどうかというところの判断を飛ばすことも一応できることにはなるので、懲戒解雇がされたことということになった場合に、もちろん事案とかにもよるとは思いますが、問題になるのは不支給事由として書かれている文言があって、それに限定解釈として、おそらく永年勤続の功労抹消っていうふうに、ダイレクトに限定解釈を行うのかと理解しているところです。

　それから権利濫用に関する問題としましては、ご指摘のとおり基本的にこれが使われることはあまりないのだろうなと思います。報告の中でも申し上げましたけれども、やはり不支給事由を使用者の方で整備していないとなってくると、それによった不支給という措置を取ることが難しくなる。制度設計をきちんとしなかったことの責任を使用者が負わなければならないというのは当然の発想ということです。レジュメ12頁目注釈の55番（本書120頁）のピアス事件と、日本熱源システム事件は、該当する不支給事由がないという状況下において、労働者から退職金支払請求をしまして、それに対する抗弁として直接適用可能な不支給事由がなかったことから、権利濫用の抗弁を出してきたということがありまして、日本熱源システム事件は、費用の使い込みか不正融資使用か何かがあって懲戒解雇されたケースと思いますけど、それで権利濫用による請求棄却という結論に導かれたというケースになります。ピアス事件の方は在職中から悪質な態様で、つまり背信性が高いことがまず前提になるとは思うのですけれども、在職中から競業行為をしてそれ自体が懲戒解雇相当行為に当たるような退職をして、しかも移った先で情報の横流しをしていたような、不正に流用していたケースということで、極端なケースと言えば極端なのですが、一応そういう形で権利濫用として、退職金請求を棄却したケースはあるということで、ご紹介をさせていただきました。結局は難しいということだとは思いますけれ

ども、こういう労働者に背信性が認められるようなケースというのは権利濫用の問題が生じうる話だと思います。一応私からのコメントに対する答えは以上になります。

　　田村　講師の先生方ありがとうございました。それでは質疑応答に入っていきたいと思います。オンラインでご参加の方は、質問があればミュートを外して発言を行っていただければと思います。また会場でご参加の方で、ご質問ある場合には挙手をお願いいたします。それでは会場の方で手が挙がりましたのでどうぞ。

［質疑応答］

　　加藤聡　大変貴重な講演をいただき、本当に勉強になりました。ありがとうございました。
　　山川先生にご質問なのですが、解雇権濫用の法理につきまして、レジュメの１頁（本書91頁）の真ん中の矢印のところで、「平素問題なく働いていたという概括的事実の主張立証で足りる（期間の定めがないことで足りる？）」とあるのですが、この点について三つほど質問があります。
　　一点目が、問題なく働いていたことが要件事実になると考えると、それに対する使用者側の認否としては、否認をして、こうこうこういった問題があった、という事実を主張することになると思うのですが、そうすると、本来、使用者側が解雇の合理的な理由を主張立証しなければいけないところが、労働者に問題があったということを反証すれば足りることになってしまって、評価根拠的な話はではなくなってしまうのではないのかなということが一つ疑問に思いました。
　　二点目が、この概括的事実の主張立証で足りるとあるのですが、そうすると、抽象的な事実の主張となってしまうのではないかなと。そうすると要件事実の定義である法律要件に該当する具体的事実の主張でいう概念とは相いれなくなってしまうのではないかなという疑問が湧きました。
　　三つ目が、これは質問というか意見みたいなところも含んでしまうのかもし

れないのですが、そのカッコ中の「（期間の定めがないことで足りる？）」という
ところで、これは事実関係を主張する労働者の側で、その契約内容として主張
をしますので、そうすると請求を立てた時点といいますか、請求原因を主張し
た時点で、同時に解雇権濫用も主張したということになってしまうのではない
かなと。そうすると、その労働者としては解雇権濫用の法理を主張する意思が
ない場合でも、裁判所は解雇権濫用について判断をすることになってしまって、
いわゆる弁論主義に反することになってしまうのではないかなと思いました。
その点に付随して、これは大平先生が言われていたような権利主張というとこ
ろで、例えば民法177条対抗要件の抗弁のように、労働者が権利主張する必要
があるという解釈をして、それによって使用者側で合理的な理由や社会的相当
性の評価根拠事実を主張するといった見解もあり得るのかなと思うのですが、
その点についてご意見がありましたら教えていただけると大変勉強になります。

　山川　非常に鋭いご質問ありがとうございました。三つ頂きまして、一つは
こちらの労働者側が主張立証すべき平素問題なく働いていたという概括的事実
に対する使用者側の主張立証は否認になるのではないかということです。その
点も考えた上でこのような表現を使っております。そこは2番目の論点、ご質
問とも関わって、欠勤をせずに働いてきましたとか、欠勤は何回ぐらいしかし
ませんでしたということが概括的事実で、それと、労働者は特にこういう問題
を起こしましたという事実は両立し得ることなんですね。そもそも欠勤だらけ
で平素の勤務状況も悪かったという場合はその主張立証はできないことになる
のですが、特に問題なく働いてきたということが具体的事実として挙げられた
としても、それは平素の状況であって、それと解雇理由になるような特定の問
題とは両立しうる事実だと、そういう整理をしております。
　それが具体的事実といえないかどうかという問題が2番目のご質問であります
けれども、具体的にいうと、例えば手帳とか勤務状況の記録とかを主張ない
し立証すれば、勤務状況の話として具体的事実になるのではないかと思ったと
ころです。レジュメの「（期間の定めがないことで足りる？）」というのは、こう
いうことになってしまわないかということで、私の見解というわけではござい
ません。つまり、仮に平素問題なく働いていたという概括的主張も要らないと

いうことになりますと、評価根拠事実はないということになり、かろうじて考えるとすると、正社員の解雇は原則として権利濫用だという話になってきて、正社員とは何かということもよく分からないのですが、基本的に正社員は期間の定めがない労働者ですので、期間の定めがないということを立証すれば、それだけで解雇権濫用の評価根拠事実になるのか。それが妥当であるかどうかは一つの問題ですが、ここでクエスチョンマークを付けた趣旨は、期間の定めがないことの主張立証は不要ですね、原則的には。つまり期間の定めは、それがあることについて主張立証するというのが民法上の建前ですから、期間の定めがないことが評価根拠事実として要件事実とすると、何も主張立証しなくてもよいということになってしまいます。期間の定めがあるなしにかかわらず、原則として権利濫用だということになりますので、それはおかしいのではないか。そういうことを言いたくて、「（期間の定めがないことで足りる？）」と書いたということです。説明が不十分になっていて、すみません。

　加藤　ありがとうございます。具体的な説明で大変勉強になりました。三つ目の権利主張が必要ではないかという点についてはいかがでしょうか。

　山川　権利主張が必要だということについてですが、事実の主張にプラスすることになり、対抗要件などはそうではないかと思うのですが、対抗要件はちょっと特殊かなと思いまして、普通の労働事件ですと、事実の主張と権利主張は別なので、解雇権の濫用に限ってそのように権利主張を必要とするのか。もしかしたら『労働事件審理ノート』はそのような見解かもしれないとも思います。主張責任と立証責任を分離するとしたら、解雇権の濫用については、一種のその権利抗弁、権利抗弁と言っていいかどうか分かりませんが、権利主張をして初めて斟酌されるということになり、それはそれで大問題になるような感じがしますが、そういう考え方はありえて、もしかしたら『労働事件審理ノート』の記述はそういう趣旨かなとお話を伺って思った次第です。ありがとうございます。

　加藤　とても勉強になりました。ありがとうございました。

田村　　他にご質問ある方はいらっしゃいませんでしょうか。オンラインで参加のご先生方もよろしいでしょうか。

　それでは最後に島田新一郎本学法科大学院前研究科長より閉会の挨拶がございます。

　　［閉会の挨拶］

　　島田新一郎　　ただいまご紹介にあずかりました島田新一郎と申します。今年の３月まで法科大学院で研究科長を務めておりました。

　例年、この講演会の「閉会のあいさつ」は研究科長が行う習わしとなっておりました。今年は、４月に田村伸子所長が、新しく研究科長に就任されましたので、私もお役御免と油断していたのですが、田村新研究科長から、今年も「閉会のあいさつ」をお願いしますとの、職務上の行政指導がありまして、それに抗う勇気は持ち合わせておりませんので、僭越ですがひと言あいさつをさせていただきます。

　本日はご多忙の中多くの研究者、実務家の先生方がこの講演会にご参加くださったことに心より感謝し御礼を申し上げる次第です。本当にありがとうございました。また法科大学院の学生の皆さんも長時間本当にお疲れ様でした。本日は明治大学法学部教授の山川隆一先生、神戸地方裁判所裁判官の植田類先生、そして明治学院大学法学部准教授の植田達先生をお迎えして、本当に学術的にも実務的にも非常に高い価値を持つご講演をしていただき、また第一東京弁護士会から倉重公太朗先生、東京弁護士会からは大平健城先生をそれぞれお迎えして、弁護士として実務に精通するお二人から貴重なコメントを頂戴することができました。

　冒頭田村所長から挨拶がありましたように、今年は要件事実教育研究所が開設されて満20周年を迎えることになりました。この記念すべき年に、現在の労働法研究の先頭に立たれておられる研究者の先生を、実務の中枢でご活躍されている裁判官、そして弁護士の先生方をお迎えして、さらに多くの聴講者の皆さんにもご参加いただいて、このような素晴らしい講演会を開催できたことは、創価大学法科大学院にとっては本当に名誉なことであると心から感謝を申し上

げる次第です。

　要件事実教育研究所が、伊藤滋夫先生が初代の所長を務められて、田村教授が本当にその片腕となって、文字通り二人三脚でここまで築き上げてきた、本学にとっては非常に大切な研究所でございます。どうか今後とも要件事実教育研究所の活動にご理解とご協力を頂きますよう心よりお願い申し上げまして、簡単ではございますが閉会の挨拶とさせていただきます。本日は本当にありがとうございました。

　田村　島田先生、ありがとうございました。それではこれで講演会を終了いたします。オンラインの方はご退出されて結構です。皆様、長時間にわたり、本当にありがとうございました。

講演レジュメ

山川　隆一

植田　　類

植田　　達

講演1レジュメ

地位確認訴訟における
解雇権濫用をめぐる要件事実

山川隆一

はじめに

1 解雇権濫用法理の概要

(1) 起源

第2次世界大戦後に下級審裁判例の積み重ねを経て判例法理に

日本食塩製造事件・最二小判昭和50・4・25民集29巻4号456頁

高知放送事件・最二小判昭和52・1・31労判268号17頁

(2) 制定法化

労働基準法18条の2を経て労働契約法16条に

「解雇は、客観的に合理的な理由を欠き、社会通念上相当であると認められない場合は、その権利を濫用したものとして、無効とする。」

(3) 権利濫用法理としての特殊性

・解雇には正当事由を要するとする説とほぼ変わらない運用がなされているとの指摘

cf. 越山安久・最判解民事昭和50年度160頁など。

・権利濫用の評価根拠事実の主張立証の負担は他の権利濫用の場合に比べて軽い（他方で、評価根拠事実は不要とすると権利濫用という枠組みと不整合）

⇒平素問題なく働いていたという概括的事実の主張（立証）で足りる（期間の定めがないことで足りる？）

cf. 山口幸雄ほか編・労働事件審理ノート（第3版）25頁、山川隆一・労働紛争処理法（第2版）208頁

・解雇の合理的理由（を基礎づける事実）は使用者側が基本的に主張立証する

cf. 労基法18条の2追加時の衆議院附帯決議

「一　（中略）

　1　本法における解雇ルールの策定については、最高裁判所判決で確立した解雇権濫用法理とこれに基づく民事裁判実務の通例に則して作成されたものであることを踏まえ、解雇権濫用の評価の前提となる事実のうち圧倒的に多くのものについて使用者側に主張立証責任を負わせている現在の裁判上の実務を変更するものではないとの立法者の意思及び本法の精神の周知徹底に努めること。

　（中略）

　二　本法における解雇ルールは、解雇権濫用の評価の前提となる事実のうち圧倒的に多くのものについて使用者側に主張立証責任を負わせている現在の裁判上の実務を何ら変更することなく最高裁判所判決で確立した解雇権濫用法理を法律上明定したものであるから、本法による改正後の第十八条の二の施行に当たっては、裁判所は、その趣旨を踏まえて適正かつ迅速な裁判の実現に努められるよう期待する。」

2　「客観的に合理的な理由を欠き」と「社会通念上相当であると認められない」の関係

(1)　両者を区別するか一体とみるか

(a)　区別する考え方（二元説）

(i)　客観的に合理的な理由を欠く場合　 またはʼ

(ii)　社会通念上相当であると認められない場合（解雇という措置が相当でない場合）

　　⇒解雇権濫用として無効

　制定法化されてからの学説の一般的見解、実務家でも同旨の見解が有力

cf. 伊良原啓吾「普通解雇と解雇権濫用法理」白石哲編著・労働関係訴訟の
実務（第2版）312頁、白石哲「労働契約上の地位確認訴訟の運営」山川
隆一＝渡辺弘編・最新裁判実務大系8・労働関係訴訟II741頁など

解雇が客観的に合理的理由を欠くとして社会通念上の相当性の欠如に言及す
るまでもなく解雇無効とする裁判例（パナソニックアドバンストテクノロジー事
件・大阪地判平成30・9・12労判1203号44頁、日本ボクシングコミッション事件・
東京地判平成26・11・21LEX/DB25505217）

cf. 原告の勤務状況は、「はなはだしく業務能率が悪く，また業務の遂行に必
要な能力を著しく欠くとき」又はこれに「準ずるやむを得ない理由」に
一応該当するが，再度の降格・降給は相当であるものの，解雇はいささ
か性急で酷と見ることができ，社会通念上の相当性を欠くため無効であ
るとした事例（GCAサヴィアン事件・東京地判平成28・8・19 LEX/
DB25543697）

(b) 一体とみる考え方（一元説）

制定法化前の裁判例は一元説的

前掲・日本食塩製造事件（客観的合理的理由を欠く事案）

「除名が無効な場合には、使用者に［ユニオン・ショップ協定に基づく］解
雇義務が生じないから、［同協定に基づく解雇は］……客観的に合理的な理由
を欠き社会的に相当なものとして是認することはできず、……解雇権の濫用と
して無効である」

前掲・高知放送事件（解雇という手段が社会通念上の相当性を欠く事案）

「合理性を欠くうらみなしとせず、必ずしも社会的に相当なものとして是認
することはできないと考えられる余地がある」

制定法化後も明確でない裁判例も多い

解雇の合理的理由を認めなくとも社会通念上の相当性の欠如に言及するもの
（新日本建設運輸事件・東京地判平成31・4・25労判1239号86頁、みずほビジネスパ
ートナー事件・東京地判令和2・9・16労判1238号56頁）

単に、客観的合理的理由を欠くとはいえず社会通念上相当性を欠くとはいえ
ないとするもの（日本電産トーソク事件・東京地判令和2・2・19労判1226号72頁）

二元説は判断順序として明快。ただし、最終的には権利濫用の問題（解雇の客

観的合理的な理由も個別事案での相当性を踏まえて判断される場合あり）

 cf. 菅野和夫＝山川隆一『労働法（第13版）』748頁（「労働契約法〔16条〕……
  の文言上は、両者が一体的として判断される場合も想定されているといえよ
  う」）

⑵　要件事実上の意味（二元説による場合）

① 「客観的に合理的な理由を欠くこと」も「社会通念上相当であると認めら
れないこと」も

 規範的要件⇒それぞれさらに評価根拠事実・評価障害事実が問題になる

② 各要素の評価根拠事実・評価障害事実の主張立証責任

 評価根拠事実の主張立証の負担が軽くなるのは「客観的に合理的な理由を欠
くこと」

 「社会通念上相当であると認められないこと」の評価根拠事実は主として労
働者側が主張立証すべきではないか（最終的には評価障害事実の主張立証を踏ま
えた総合判断）

 cf. 山川・労働紛争処理法（第2版）209頁

⑶　客観的合理的理由の問題か社会通念上の相当性の問題かが不明確な場合

① 能力・適格性欠如を理由とする解雇

 職種不限定で他の職務なら円滑に労務遂行できる場合（配転による対応可能
な場合）

 →解雇の客観的合理的理由を欠くとして解雇無効？

  or 解雇するのは社会通念上の相当性を欠くとして解雇無効？

 実際上の差は生じないか・就業規則上の解雇事由の解釈として処理される場
合も

 cf. セガ・エンタープライゼス事件・東京地決平成11・10・15労判770号34頁

 職種が限定されている場合はどうか（他の職種への配転等は考慮不要）

 一元説では一括して評価される傾向

② 警告・指導等を経ずに行われた解雇（手続不相当）

 社会通念上の相当性の問題と解してよいか

解雇の客観的合理的理由の重大さも補完的に考慮されうるか
③　就業規則上の解雇事由の限定解釈が問題となる場合・解釈内容が職務等により異なる場合

単に「能力不足」との定めがある場合→(a)雇用を継続しがたいほどの「能力不足」と限定解釈し、これに該当する場合に初めて解雇の客観的合理的理由が認められるという構成、(b)解雇の客観的合理的理由は規定の文言どおり判断し、限定解釈した内容に該当しないことは社会通念上の相当性の問題とするという構成

3　地位確認訴訟と解雇権濫用法理の要件事実（整理解雇の事案）

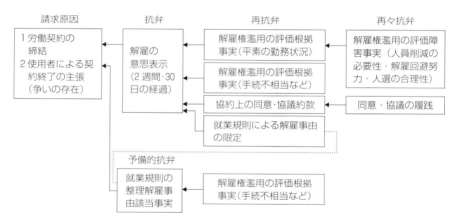

出所：　山川・労働紛争処理法（第2版）211頁

＊二元説による整理・就業規則の解雇事由が限定列挙の事案

4　就業規則上の解雇事由の意義

(1)　限定列挙説と例示列挙説

(a)　限定列挙説

列挙された解雇事由に当たらない場合には解雇は無効とする見解

(b)　例示列挙説

列挙事由以外の理由による解雇も可能（結局は解雇権濫用の問題）とする見解

(2) 問題の位置づけ

当該就業規則規定を限定列挙とみるか例示列挙とみるかという問題ではないか

実際上の差は生じにくい（包括的解雇事由の存在）

　cf. 白石・前掲「労働契約上の地位確認訴訟の運営」

(3) 要件事実上の意義

(a) 限定列挙説

⇒限定列挙規定の存在が解雇の抗弁に対する再抗弁、列挙事由該当性は再抗弁または予備的抗弁

限定列挙を民法627条による解雇権の制限とその解除とみるか（→再々抗弁？）、別の解雇権を契約上創設したものとみるか（→予備的抗弁）の問題？

列挙事由に該当しても権利濫用の余地はある（社会通念上の相当性を欠く場合）

(b) 例示列挙説

⇒解雇権濫用の評価根拠事実・評価障害事実の問題に解消される

しかし例示列挙説でも主張された解雇事由の審理が中心（限定列挙説と変わらない）

列挙事由に該当する事実が「客観的合理的理由を欠くこと」の評価障害事実となるか

5 整理解雇の4要素（要件）の要件事実

(1) 要件説と要素説

最近では要素説が有力

最終的には解雇権濫用の問題・柔軟な判断が可能（人員削減の必要性と解雇回避努力の相関的判断、通常の解雇回避措置が困難な場合の生活保障努力）

民法627条の解雇とは別の「整理解雇」という独自の解雇類型とみて要素説をとる見解も

　cf. 難波孝一「労働訴訟と要件事実」伊藤滋夫先生喜寿記念・要件事実・事実認定論と基礎法学の新たな展開539頁

⑵　4要素の要件事実

(a)　人員削減の必要性・解雇回避努力・人選の合理性が評価障害事実（解雇の客観的合理的理由）、手続の不相当性が評価根拠事実（社会通念上の相当性の欠如）とする見解

> cf. 東洋酸素事件・東京高判昭和54・10・29労民集30巻5号1002頁（就業規則の解雇事由を限定列挙とみたうえでの要件説→例示列挙説によれば解雇権濫用の評価障害事実となる具体的事実が、解雇事由該当性を根拠づける事実となる（実際上の相違は少ない））

コマキ事件・東京地決平成18・1・13判時1935号168頁

「整理解雇が有効か否かを判断するに当たっては、人員削減の必要性、解雇回避努力、人選の合理性、手続の相当性の四要素を考慮するのが相当である。債務者である使用者は、人員削減の必要性、解雇回避努力、人選の合理性の三要素についてその存在を主張立証する責任があり、これらの三要素を総合して整理解雇が正当であるとの結論に到達した場合には、次に、債権者である従業員が、手続の不相当性等使用者の信義に反する対応等について主張立証する責任があることになり、これが立証できた場合には先に判断した整理解雇に正当性があるとの判断が覆ることになると解するのが相当である」（「整理解雇」を独自の解雇類型とし、独自の判断基準を設定？）

(b)　4要素を総合判断する見解

cf. CSFB セキュリティーズ・ジャパン・リミテッド事件・東京高判平成18・12・26労判931号30頁（解雇権濫用の判断の「重要な要素」を類型化したものとして4要素を総合判断）

一元説と親和的か・実際上は(a)説とほぼ変わらない（各要素も規範的性格あり⇒さらに具体的事実の主張立証が問題に）

「重要な要素」とまではいえないものの考慮すべき要素としてはどのようなものがあるか

⇒事案によっては生活保障努力（退職金の上乗せ、再就職あっせん）？

cf. PwC ファイナンシャル・アドバイザリー・サービス事件・東京地判平成15・9・25労判863号19頁

講演2レジュメ

労働契約における労働者の自由意思の
要件事実的位置付けに関する若干の検討

植田　類

1　問題の所在

　労働条件の不利益変更に係る労働者・使用者間の合意の有効性の観点から議論され、複数の最高裁判例においても示されている「労働者の自由な意思に基づいてされたものであると認めるに足りる合理的な理由が客観的に存在すること」との要件（以下「自由意思要件」という。）について、合意の有無という事実認定の観点のみでなく、当事者間の合意、すなわち申込み及び承諾の意思表示の合致、意思表示の瑕疵等という要件事実的な観点から若干の検討を行う。

2　自由意思要件の意義・根拠

　労働契約法8条は、「労働者及び使用者は、その合意により、労働契約の内容である労働条件を変更することができる。」として、労働契約における合意原則（同法3条1項）が、労働契約の内容の変更の場面にも妥当することを明示している。また、就業規則の不利益変更について、労働契約法9条は「使用者は、労働者と合意することなく、就業規則を変更することにより、労働者の不利益に労働契約の内容である労働条件を変更することはできない。」（同条本文）として、例外的な場合（同法10条）を除いて、労働者の合意が必要であるとしている。

もっとも、労働関係法規においては、労働者の従属性や使用者との交渉力の格差から、使用者により一方的に労働条件が決定されることも少なくないという労働契約関係特有の事情を踏まえて、合意原則の実質的意義として、労使間の合意が、「自主的な交渉の下で」（労働契約法１条）の、「対等な立場における」（同法３条１項）ものであることが求められており、また、労働契約の内容の最低基準が定められ、労働契約の終了（解雇、雇止め）等が規制されている。

以上のような労働関係法規の趣旨を前提に、労働条件の不利益変更に係る労使間の合意における労働者の意思表示については、形式的・外形的な意思表示の有無のみから判断するのではなく、上記の合意原則の実質的意義から、それが労働者の真意によるものであるのかについて慎重に判断するのが相当であり、このような観点において最高裁判例によって示されたのが自由意思要件といえる。

3　最高裁判例の概観

(1)　シンガー・ソーイング・メシーン事件（最判昭和48・１・19民集27巻１号27頁）【最判(1)】

労働者の退職金債権の放棄の効力が争われた事件において、賃金全額払いの原則が債権放棄の意思表示の効力を否定する趣旨のものであるとまで解することはできないとしつつ、「右意思表示の効力を肯定するには、それが上告人の自由な意思に基づくものであることが明確でなければならないものと解すべき」と判示した上で、具体的な事実関係の下で、「右意思表示が上告人の自由な意思に基づくものであると認めるに足る合理的な理由が客観的に存在していた」とした。

(2)　日新製鋼事件（最判平成２・11・26民集44巻８号1085頁）【最判(2)】

使用者が労働者の同意を得て労働者の退職金債権に対してする相殺が労働基準法24条１項本文（賃金全額払の原則）に違反するかが争われた事件において、「労働者がその自由な意思に基づき右相殺に同意した場合においては、右同意が労働者の自由な意思に基づいてされたものであると認めるに足りる合理的な理由が客観的に存在するときは、右同意を得てした相殺は右規定に違反するも

のとはいえないものと解するのが相当である」と判示した上で、具体的な事実関係の下で、「自由な意思に基づいてされたものであると認めるに足りる合理的な理由が客観的に存在していた」とした。

(3)　広島中央保険生協事件（最判平成26・10・23民集68巻 8 号1270頁）【最判(3)】

　労働者の同意の有無が直接に問題となった事案ではないものの、女性労働者につき労働基準法65条 3 項に基づく妊娠中の軽易な作業への転換を契機として降格させる事業主の措置が、雇用の分野における男女の均等な機会及び待遇の確保等に関する法律（以下「均等法」という。） 9 条 3 項の禁止する取扱いに該当するかが争われた事案において、上記措置は原則として同項の禁止する取扱いに当たるが、「当該労働者が軽易業務への転換及び上記措置により受ける有利な影響並びに上記措置により受ける不利な影響の内容や程度、上記措置に係る事業主による説明の内容その他の経緯や当該労働者の意向等に照らして、当該労働者につき自由な意思に基づいて降格を承諾したものと認めるに足りる合理的な理由が客観的に存在するときは、同項の禁止する取扱いに当たらないものと解するのが相当である」と判示した上で、具体的な事実関係の下で、「自由な意思に基づいて降格を承諾したものと認めるに足りる合理的な理由が客観的に存在するということはできない」とした。

(4)　山梨県民信用組合事件（最判平成28・ 2 ・19民集70巻 2 号123頁）【最判(4)】

　退職金支給基準の不利益変更に係る合意について、前記(1)及び(2)の判例を引用して、「労働者の同意の有無については、当該変更を受け入れる旨の労働者の行為の有無だけでなく、当該変更により労働者にもたらされる不利益の内容及び程度、労働者により当該行為がされるに至った経緯及びその態様、当該行為に先立つ労働者への情報提供又は説明の内容等に照らして、当該行為が労働者の自由な意思に基づいてされたものと認めるに足りる合理的な理由が客観的に存在するか否かという観点からも、判断されるべきものと解するのが相当である」と判示した上で、同意書への署名押印をもって同意があるものとした原審の判断には、審理不尽の結果、法令の適用を誤った違法があるとして、原判決を取り消した（差戻後の控訴審では、具体的な事実関係の下で労働者の同意が否

定されている。）。

4　自由意思要件の位置付けについての検討

⑴　最判⑴に係る判例解説では、労働者の「自由な意思」について、労働者が自ら賃金・退職金を放棄する意思を持ってその旨の意思表示をしたといい得る限り、「自由な意思」によるものということができるのであって、最判が掲げる事実関係は、それを担保するものである（すなわち、一応、放棄の意思を自由に形成したと認めるに足りる事情があればよいとするのである。）旨解説されている[1]。

⑵　この点、自由意思要件については、合意を認定するための間接事実と捉えるのか、合意とは別個の要件として捉えるのかが明らかではないとの指摘があるが[2]、上記一連の最高裁判例においては、自由意思要件は、労働者と使用者との間の合意とは別個の要件を必要としたものではなく、事実認定に当たって、労働者の不利益な合意の認定は慎重にあるべきであることを前提とした判断枠組みを示したものと考えることができる[3,4]。

　このように考えた場合、自由意思要件は、労使間の合意に係る労働者の意思表示に係る表示行為が一応認められる場合における、内心における効果意思の有無を厳格に判断する際の枠組みとして捉えることが可能である[5]。

⑶　効果意思と表示行為の不一致については、意思表示理論においては、意思表示の瑕疵（心裡留保、錯誤等）として判断されることが一般的であるが、一連の最高裁判例で示された自由意思要件は、あくまで合意の事実認定のレベルでこれを問題としているといえ、これについて、意思表示の瑕疵より広く同意の効力を否定する労働法独自の創造的判例法理であるとの指摘もなされてい

1—同判例解説では、自由意思要件の根拠について、「経済的弱者たる労働者のした自己に不利益な意思表示については、それが真意に出たものか否かを慎重に判断すべしとの、おそらく誰からも異論の出ない当然のことを言っている」とも解説している。

2—荒木尚志「就業規則の不利益変更と労働者の合意」（法曹時報64巻9号2270頁）。

3—最判⑷の判示事項は、「労働者の同意の有無についての判断の方法」とされている。

4—山川隆一「労働条件変更における同意の認定——賃金減額をめぐる事例を中心に」『労働法学の展望　菅野和夫先生古稀記念論集』272頁。

5—同様の方向性を指摘するものとして、森田修「労働契約における〈合意の内と外〉——「民法と労働法」の基礎理論のために」法律事報96巻6号9頁。

る[6],[7]。

　なお、自由意思要件を、労働者の意思表示に係る事実認定に当たっての判断枠組みを示したものと捉えた場合においても、当該意思表示が黙示によるものである旨が使用者から主張された場合には、自由意思要件に係る主張立証は、使用者が主張立証すべき主要事実である、黙示の意思表示を基礎付ける事実と重複することになると考えられる。

⑷　他方で、自由意思要件を合意とは別個の要件と考える見解も存在し、このような見解においては、合意の効力を主張する使用者において、意思表示の合致による合意の存在とは別に、自由意思要件を主張立証する必要があり、これを規範的要件として捉えた場合には、自由意思要件を基礎付ける具体的事実を評価根拠事実として主張立証することとなろう。

　また、自由意思要件については、これを「成立要件」と捉える見解と、「効力発生要件」として捉える見解があるが、前記のとおり、伝統的な意思表示理論においては、意思表示に係る表示行為の合致がある場合、内心の効果意思の有無については合意の成立の問題ではなく、意思表示の瑕疵の問題と考えることが一般的であるから、自由意思要件を別個の要件とする場合にも、これを合意の「成立要件」ではなく、「効力発生要件」と捉えることが相当なのではないかと思われる[8]。

5　自由意思要件の射程

⑴　ここまで検討してきたとおり、自由意思要件は、最高裁判例においては、賃金全額払いの原則（労働基準法24条１項）との関係において、退職金債権の放棄や賃金債権の合意相殺の事案で示されたものであるが、その後、最判⑷において、就業規則上の労働条件の不利益変更においても採用されるに至ってお

6―土田道夫「労働条件の不利益変更と労働者の同意――労働契約法８条・９条の解釈」『労働法と現代法の理論　西谷敏先生古稀記念論集　上』325頁。

7―森田・前注５では、自由意思要件について、意思表示の瑕疵の要件を緩和するものとの方向性も指摘している。

8―川口美貴「労働契約における合意と自由意思」（法律時報96巻６号45頁）では、意思表示の瑕疵のうち「意思の不自由」（動機の錯誤、詐欺、強迫）の主張立証は、事実上使用者の自由意思要件の主張立証に吸収されるとする。

り、この点について、最判(4)の判例解説においては、自由意思要件の背景を成している基本的視点は、労働基準法24条1項適合性が問題となる場面に限定されるべきものではなく、就業規則に定められた賃金や退職金に関する労働条件の不利益変更に対する同意の有無が問題とされる場面にも共通する基底を有するものとして捉えることができる旨の指摘がなされている。

このような最判の流れからすると、自由意思要件は、当初は、労働者の同意を理由とする、労働者保護のための強行規定の適用除外について慎重に判断するための基準として用いられていたものであり、均等法9条3項の禁止する取扱いについての最判(3)も、労働者の同意の有無が直接問題となった事案ではないものの、上記と同様の流れに位置すると解されるが、最判(4)は、自由意思要件の背景となっている前記2で述べた合意原則の実質的意義（労使間の格差等を前提とした、自主的な交渉の下での、対等な立場における合意であることの要請）の観点から、強行規定の適用除外が問題とはならない、賃金等に係る不利益変更に対する労働者の同意の有無が問題とされる場面にまでその射程を広げたものと解することができる。

(2)　さらに、上記判例解説では、「労働者の同意の有無は、上記以外の他の場面においても問題とされ得るものであるが、本判決の説示からは、他の場面にも本判決のような考え方が及ぶことを直ちに肯定するものとも、また否定するとも解し難」いとして、他の場面における労働者の同意の有無の判断の在り方については、個別の検討を要するものとして、今後の議論に委ねる趣旨であると解されるとしているところ、一連の最高裁判例を受けて、多数の裁判例において、自由意思要件については、就業規則上の労働条件だけでなく、個別の労使間の合意に基づく労働条件の変更の場面においても用いられるようになり、学説においても、労働条件の不利益変更一般に係る労働者の同意の有無の問題として論じられており、この点については、実務上も同様に取り扱われていると思われる。

(3)　もっとも、実務上は、労働条件の不利益変更のみならず、地位確認請求における使用者側の抗弁としての合意解約等の主張に対し、労働者側から、自由意思要件についての主張がなされる事案も多くみられる。

このような労働契約の終了の場面について、裁判例においては、自由意思要

件に沿って合意について判断したと考えられるもの[9,-10]がある一方、一連の最高裁判例とは事案を異にするものとして、自由意思要件を不要とするものがみられる[11]。

　なお、実務上は、退職合意について合意書等の処分証書が存在せず、口頭でのやり取りや労働者の事後的な言動のみをもって退職合意の成立を使用者が主張する場合があり、このような場合には、自由意思要件を持ち出すまでもなく、具体的事実関係の下での労働者の意思表示の存在が否定される場合も多いと考えられるが、成立の真正に争いがない合意書等が存在する場合には、自由意思要件の枠組みを用いるかどうかが重要な問題となる。

(4)　この点について、自由意思要件の根拠が、既に述べたような合意原則の実質的意義にあるとすれば、労働契約の継続を前提とした労働条件の交渉の場面と比較すると、使用者からの指揮命令下からの離脱（退職）は、その影響や不利益が明確であって、交渉力や情報収集能力の格差を踏まえても、労働者において意思決定の基礎となる事情は十分に把握できると考えられる点で、事情は大きく異なると考えられるし、そもそも、労働契約からの離脱は、労務からの解放という点で必ずしも労働者にとって不利益ではないから、これらの点を重視すれば、抗弁としての退職合意の主張立証において自由意思要件（の枠組みに基づく検討）は不要であり、最判(4)が指摘するような事情は、再抗弁としての意思表示の瑕疵の中で検討されることになると考えられる。

　なお、抗弁として退職合意を主張立証する場合にも自由意思要件を必要との立場に立ち、合意の成立（意思表示の合致）とは別個の主要事実と捉えた場合には、再抗弁としての意思表示の瑕疵（動機の錯誤、詐欺、強迫）については、自由意思要件と両立する事実として構成することが困難であるとして、再抗弁

9―不更新合意につき日本通運事件（①横浜地判川崎支判令和3・3・30労判1255号76頁（第1審）、令和4・9・14労判1281号14頁（控訴審）、②東京地判令和2・10・1労判1236号16頁（第1審）、東京高判令和4・11・1労判1281号5頁（控訴審））、本田技研工業事件（東京高判平成24・9・20労経速2162号3頁）。また、グローバルマーケティングほか事件（東京地判令和3・10・14労判1264号42頁）についても、最判(4)の判断枠組みを援用しているとの指摘がある。
10―川口・前注8は、労働契約の終了の場面にも自由意思要件が必要となることを前提としている。
11―例として、①東京地判令和5・3・1（LLI/DB L07831179）、②東京地判令和5・3・15（LLI/DB L07831190）、③東京地判令和5・4・26（LLI/DB L07830941）。ただし、③は仮に自由意思要件を必要とするとしてもとして、その充足を判断している。

として整理できなくなる可能性がある（前注8では、事実上吸収されると整理されている。）。

(5) そして、一連の最判を含めて、実務上は、自由意思要件は事実認定における判断枠組みとして用いられていることは前記のとおりであるが、自由意思要件を合意とは別個の要件と考える見解を前提に、地位確認請求の事案において、試行的に要件事実を整理するとすれば、以下のとおりとなると考えられる。

自由意思要件を別個要件であり、かつ、労働契約の終了の場面でも必要とした場合

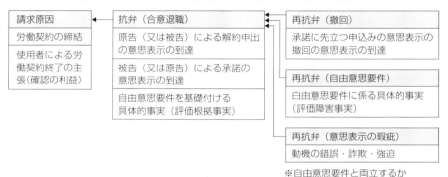

6 おわりに

講演３レジュメ

労働契約における競業避止特約をめぐる要件事実

植田　達

Ⅰ　はじめに

Ⅱ　競業避止特約に基づく請求

1　訴訟物
①　競業避止特約に基づく債務の不履行による損害賠償請求権
②　競業避止特約に基づく差止請求権

　これらの訴訟物を前提とするブロックダイアグラムは、（別紙）【図１】ないし【図３】のように整理できる。

　なお、後記２(1)の議論を踏まえ、退職後の労働者の競業避止義務も労働契約の一部であるという側面を強調すれば、使用者と労働者との間の競業避止特約の締結は就業規則の規定でも代替できるが、競業避止義務違反の損害賠償額予定合意は効力を有しない、ということになりそうである【図１】。

　他方で、退職後の競業避止義務はもはや労働契約の問題ではないという性格を貫徹すれば、この義務を就業規則の効力によって設定することはできないため、個別合意が必要となるが、これに付随する賠償額予定合意は無効にならない、という方向になるだろう【図２】。

2 請求原因

(1) 損害賠償請求の場合

ア 基本的な請求原因事実

① 使用者と労働者との間における競業避止特約の締結

② 労働者による①の競業避止特約の違反

③ 損害の発生および数額

④ ②と③との間の因果関係

イ ①について

競業避止特約の締結の典型的な例として、労働者が退職時に使用者に求められて署名する、競業を行わない旨の誓約書がある[1]。この競業避止特約を、労働者と使用者との間の個別の合意からではなく、就業規則の効力（労働契約法7条本文・10条本文）によって労働契約の内容となった就業規則上の規定から基礎づけることができるか、すなわち、同条にいう「労働条件」に退職後の競業避止義務の有無・内容が含まれるか、という問題がある[2]。

【A説】就業規則による競業避止義務設定を不可とする見解（私見）

・学説[3]

・退職後は労働契約に基づく競業避止義務を負う立場にない

・契約終了後の競業避止義務が広く役務提供関係をめぐる契約上の問題（ひいては、契約による職業選択の自由に対する制約の問題）であり、労働契約に特有の問題というものでない

【B説】就業規則による競業避止義務設定を可とする見解

・裁判例[4]（就業規則による義務設定の可能性を明示的に否定した例はなし？）

・学説[5]

1——誓約書の提出があったにもかかわらず、その文言が不明確であることを理由に、競業避止特約の成立を否定した例もある。A特許事務所事件（大阪高決平成18・10・5労判927号23頁）。

2——留学・研修費用返還合意についても同様の問題が生じうる。

3——山川隆一「労働契約法の制定——意義と課題」日本労働研究雑誌576号9頁（2008年）、西谷敏『労働法（第3版）』217頁（日本評論社、2020年）、細谷越史「労働者の秘密保持義務と競業避止義務の要件・効果に関する一考察」日本労働研究雑誌663号61-62頁（2015年）。

上記【B説】によれば、上記①（個別の競業避止特約の締結）に代えて、以下を主張立証することもできる。

❶　使用者と労働者との間における労働契約の締結

❷　退職後の労働者に対して競業避止義務を課す就業規則上の規定

❸　❷の就業規則の周知

❹　❷の規定内容の合理性（労働契約法7条本文）または❷の規定に係る就業規則変更の合理性（同10条本文）の評価根拠事実[6,7]

　裁判例は、❹の合理性において、❷の規定それ自体やその追加による職業選択の自由への制約が過度なものでないかを検討しており、それに当たっては、後記3(1)と同様の事情を考慮している[8]。

4―モリクロ（競業避止義務・仮処分）事件（大阪地決平成21・10・23労判1000号50頁）、成学社事件（大阪地判平成27・3・12裁判所ウェブサイト）。この点、東京リーガルマインド事件（東京地決平成7・10・16労判690号75頁）は、労働契約終了後の競業避止義務は、「本来の労働条件には当たらない」が、その負担の有無は「労働条件に付随し、これに準ずるもの」と解した。

5―就業規則による義務設定を肯定しつつ、合理性判断を厳格に行うべきとするものがある（荒木尚志『労働法〔第5版〕』421頁（有斐閣、2022年）、土田道夫『労働契約法（第2版）』166頁（有斐閣、2016年））。

6―就業規則の不利益変更の場合、より厳密には、使用者が請求原因として❶❷❸および❹の合理性（労契法7条本文）の評価根拠事実を主張立証し、❷の就業規則上の規定のない（新就業規則によって不利益に変更された）旧就業規則の存在（およびそれに対する労働者の同意）が労働者の抗弁となる（旧規則の下でも労働者の行為が競業避止義務違反となる場合は、主張自体失当となる。）。そしてこれに対し、新規則の競業避止義務規定の新設・変更に係る就業規則変更の合理性の評価根拠事実（労契法10条本文。通常の労働条件であれば同7条本文よりも厳格に審査されるが、退職後の競業避止特約の場合は、7条・10条いずれについても後記3(1)の（a´）ないし（d´）などの事情を中心に主張立証すると思われる。）が使用者の再抗弁にまわると解される。

7―就業規則の定める競業避止義務に関し、❸および❹に代えて、❷の規定に対する労働者の同意（不利益変更の場合につき労働契約法9条本文参照）を使用者が主張立証することも考えられる。このように就業規則の規定や契約の内容に対する労働者の個別同意がある場合、当該規定は就業規則の効力に基づいて労働契約になっているのではないと解されるため、【A説】を前提としても就業規則の規定や変更に対する労働者の同意は使用者の請求原因などになりうる、と思われる。山梨県民信用組合事件（最二小判平成28・2・19民集70巻2号123頁）も、「労働契約の内容である労働条件は、労働者と使用者との個別の合意によって変更することができるものであり、このことは、就業規則に定められている労働条件を労働者の不利益に変更する場合であっても、その合意に際して就業規則の変更が必要とされることを除き、異なるものではないと解される（労働契約法8条、9条本文参照）」と判示しており、不利益変更のあった就業規則の効力として労働条件が変更されたという立場ではないと考えられる（清水知恵子「判解」最判解民事篇平成28年度52頁注6）。この場合、就業規則規定の有効性（または個別同意の成否）を、後記3(1)で挙げる事情を考慮して判断すると思われる。

ウ ③④について

　損害としては、競業行為（債務不履行）がなければ得られたであろう逸失利益が考えられる[9]。この逸失利益の立証（および認定[10]）は困難を伴うことも少なくないが、このように損害額の立証が困難であることが予想される場合には、当事者間であらかじめ合意による損害賠償額の予定が行われることがある（民法420条1項）。

　もっとも、労働契約の不履行については、たとえ損害賠償額の予定に関する合意をしたとしても、労働基準法16条により、その合意は違法であって無効となるところ、退職後の労働者に競業避止義務を課す特約の不履行が同条にいう「労働契約の不履行」に該当するものとして、その特約に伴う損害賠償額の予定が同条に違反するかどうか。

【A説】競業避止特約に伴う損害賠償額の予定は労基法16条に違反しない（私見[11]）
　・同条違反でないとする裁判例[12]
　・同条に触れていない裁判例[13]

8—労働契約締結時の就業規則（労契法7条本文）の場合につき、成学社事件・前掲注(4)、変更後の就業規則（同10条本文）の場合につき、東京リーガルマインド事件・前掲注(4)参照。この立場によれば、就業規則上の競業避止義務設定規定の労働契約内容規律効を主張する原告たる使用者が、後記3(1)の（a´）ないし（d´）などの事情から合理性の評価根拠事実を主張立証する責任を、この就業規則の効力を争う被告たる労働者が、同(a)ないし(d)などの事情から合理性の評価障害事実を主張立証する責任を、それぞれ負う。

9—逸失利益の算定方法等については、横地大輔「従業員等の競業避止義務等に関する諸論点について（下）」判タ1388号29-30頁（2013年）参照。

10—認定の困難性の問題は、民事訴訟法248条に関わる。

11—競業避止特約は労働者の職業選択の自由を制限するものであり、これに付随する賠償額予定合意も（とりわけ過大な予定賠償額である場合には）職業選択の自由に対する制約的効果を持ちうる一方、労働基準法16条の趣旨は、過大な賠償額の予定や期間途中の退職に対する違約金の定めなどによって労働者が拘束・足止めを強いられる事態を防止し、労働者の退職の自由を保障することにある。このように、競業避止特約に伴う賠償額予定合意のもつ効果（退職したことを前提とする職業選択の自由に対する制約）と労働基準法16条の趣旨（退職の自由の保障）には若干のずれがあるため、そのような合意に労働基準法16条の趣旨は直ちには及ばないと考えられる。後記3(2)イの通り、過大な賠償額の予定は公序違反としてその合意を無効にすることから、合意のもつ職業選択の自由に対する制約的効果も公序違反の判断の中で考慮されるものであると思われる。

12—トータルサービス事件（東京地判平成20・11・18労判980号56頁）など。

13—ヤマダ電機事件（東京地判平成19・4・24労判942号39頁）など。

【B説】 競業避止特約に伴う損害賠償額の予定は労基法16条に違反する

　　・裁判例[14]

　上記**【A説】**によれば、上記③④に代えて、以下を主張立証することもできる。

　③′　使用者と労働者との間の損害賠償額の予定の合意およびその内容

(2)　差止請求の場合

①　使用者と労働者との間における競業避止特約の締結（またはこれに代えて次の❶～❹）

　❶　使用者と労働者との間における労働契約の締結

　❷　退職後の労働者に対して競業避止義務を課す就業規則上の規定

　❸　❷の就業規則の周知

　❹　❷の規定内容の合理性（労働契約法7条本文）または❷の規定に係る就業規則変更の合理性（同10条本文）の評価根拠事実

②　労働者による①の競業避止特約の違反

③*　当該競業行為により使用者が営業上の利益を現に侵害され、又は侵害される具体的なおそれがあること（東京リーガルマインド事件（東京地決平成7年10月16日労判690号75頁）等**【図3】**）

3　抗弁・再抗弁

(1)　競業避止特約の有効性に関連する抗弁・再抗弁

　競業避止特約（請求原因①）は、退職した労働者の職業選択の自由（憲法22条1項）を制約するものであることから、その内容が合理的なものでなければ無効と解される。具体的には、競業制限の必要性（使用者の正当な利益および当該労働者が在職中に当該正当利益に触れる地位にあった否か）、競業制限の期間・地域・対象業種および職種・行為、代償措置等を考慮し、競業避止特約が合理的な内容でなければ公序違反として無効になる（民法90条）、という枠組みで

14─総合行政調査会地方人事調査書事件（東京地判昭和59・11・28労判459号75頁）。

判断する。そして、公序違反は、事実ではなく、規範的評価を内容とする法律
要件（規範的要件）であることから、当事者が主張立証すべき要件事実は、そ
の規範的要件を基礎づける具体的事実（評価根拠事実）と規範的要件が成立す
るという評価を妨げる具体的事実（評価障害事実）である。

　したがって、競業避止特約の無効を主張する被告たる労働者が、公序違反の
評価根拠事実を主張立証する責任を負う。具体的には、(a)使用者に正当な利益
がないこと、(b)当該労働者の在職中の地位が当該正当利益に触れうるものでな
いこと、(c)競業制限がその期間・地域・対象業種・職種・行為において過度に
広範囲に及んでいること、(d)代償措置等が不十分であることを示すことになる。
一方、競業避止特約の有効性を主張する原告の使用者は、公序違反の評価障害
事実を主張立証する責任を負う。具体的には、（a´）使用者に正当な利益があ
ること、（b´）当該労働者は在職中に当該正当利益に触れうる地位にあったこと、
（c´）競業制限がその期間・地域・対象業種、職種・行為において（a´）の正当
な利益を守るために必要な範囲にとどまっていること、（d´）代償措置等が十
分である（または、不要である）ことを示す必要がある。

ア　正当な利益
　(a)正当な利益は、契約に基づく職業選択の自由に対する制限が正当化される
ために必要なものであり、その存在が認められなければ、競業避止特約は通常、
公序に違反するものになるという点で、公序法理の枠組みの中でも実質的には
競業避止特約の有効要件として機能している。正当な利益を構成しうる情報と
しては、技術的秘密、経営情報、顧客情報が挙げられる。そして、それらの情
報が実際に正当な利益を構成するかどうかは、通常獲得可能な一般的知識・技
能　を超えた使用者独自の技術であるか、競合他社に競争上の優位性を与える
か、使用者がどれほど資本等を投下したか等の事情から判断される。

　したがって、これらの事情のうち、正当な利益の存在を否定する方向のもの
は公序違反の評価根拠事実となり、正当な利益の存在を示すものは公序違反の
評価障害事実である。そして、正当な利益は、競業避止特約の実質的な要件で
あることから、原告たる使用者が主張立証すべき公序違反の評価障害事実とし
て特に重要なものであると位置付けられる。

イ　退職した労働者の在職中の地位

　重要なことは当該労働者の正当な利益へのアクセスの有無であることから、正当な利益を構成する技術情報や経営情報、顧客情報に触れうる職務上の権限や責任をもっていなかったことは、公序違反の評価根拠事実であり、それらをもっていたことは公序違反の評価障害事実である。

ウ　競業制限の範囲

　例えば、退職後5年間の競業を制限する特約は、過度に長期であることが明白な競業制限である[15]ことから、特約による競業制限が退職後5年間にわたることは、公序違反の評価根拠事実となる。(i)期間につき、より具体的には、退職後2年を超えるどうかが一つの指標となっているとも指摘できる[16]ため、これを超えることが公序違反の評価根拠事実になるようにも思われる。しかし、競業制限の正当化される範囲は、前記アの正当な利益の性質や内容によって決せられると考えられるため、退職後2年間の競業制限が公序違反の評価根拠事実となるかどうかは相対的なものであり、場合によっては過度に長期にわたるものとして、その評価障害事実にもなりうる。例えば、競業制限が退職後2年間であることは、特約が2年間にわたって価値を保持するような情報を守るためのものである場合、公序違反の評価障害事実となる[17]が、1年間に限って価値を持ちうる経営情報などを守るための特約の場合、過度に長期の制限として公序違反の評価根拠事実となる[18]。このように、競業避止特約による競業制限の合理的期間は、当該正当利益がどの程度の期間にわたって競争上の価値を有するかによって決まると解されるので、退職後2年間という期間、さらには退職後1年間という期間[19]だとしても、当然に公序違反の評価障害事実に

15—岩城硝子ほか事件（大阪地判平成10・12・22知財例集30巻4号1000頁）。

16—横地大輔「従業員等の競業避止義務等に関する諸論点について（上）」判タ1387号29-30頁（2013年）11-12頁は、2年間を超えると長いと評価されると分析しつつ、当該期間における退職者の競業を制限するべき使用者側の必要性である、と指摘する。

17—フォセコ・ジャパン・リミティッド事件（奈良地判昭和45・10・23判時624号78頁）、東京リーガルマインド事件・前掲注(4)、ダイオーズサービシーズ事件（東京地判平14・8・30労判838号32頁）など。

18—アフラック事件（東京地決平成22・9・30判判1024号86頁）など。

19—モリクロ（懲戒解雇等）事件（大阪地判平成23・3・4労判1030号46頁）。

なるものではない。

(ii)競業が制限される地域について、その限定のない特約も、場所的に広く通用する技術情報を守るためであれば有効とされ[20]、使用者が広域で事業展開している場合にも有効とされており[21]、地域を特に考慮していない例もある[22]。これらのことから、特約において競業制限にかかる地域に限定がないことは、あまり重視されていない要素とみることができ[23]、公序違反の評価根拠事実としてもそれほど重要でないとみることができる。もっとも、使用者の行う事業が地域密着的性格の強いものである場合、広域に及ぶ競業制限は、職業選択の自由に対する過度な制限となりうる[24]ため、公序違反の評価根拠事実として意味を持つことになる。また、(iii) 競業制限の対象となる業種・職種につき、労働者が退職後に従事することによって正当な利益が侵害される危険のある業種・職種を超える制限は、不合理と判断されている[25]。したがって、制限対象の業種・職種が正当な利益との関連性が希薄なものであることは公序違反の評価根拠事実となる。さらに、(iv) 制限される活動・行為については、正当な利益が顧客情報である場合、禁止行為が顧客勧誘のみに限定されていることは、職業選択の自由に対する制約が必要最小限度にとどまっている[26]ものとして公序違反の評価障害事実として機能するが、禁止行為がより広く競業そのもの（競合他社への就職や、同種事業の設立・運営など）に及ぶことは、過度な制約を課す[27]ものとして公序違反の評価根拠事実となる。

以上を踏まえ、翻って(a)正当な利益についてもみると、当該正当利益が、短期間、狭い地域・業種・職種に限って競争力を保持しうることや、顧客勧誘禁止という限定的な制限によっても守られるものであることは、公序違反の評価

20―フォセコ・ジャパン・リミティッド事件・前掲注(17)など。
21―ヤマダ電機事件・前掲注(13)、アフラック事件・前掲注(18)など。
22―モリクロ（競業避止義務・仮処分）事件・前掲注(4)、レジェンド元従業員事件（福岡高判令和2・11・11労判1241号70頁）。
23―横地・前掲注(16)11頁。
24―土田道夫「競業避止義務と守秘義務の関係について」中嶋士元也先生還暦記念『労働関係法の現代的展開』216頁（2004年）、横地・前掲注(16)12頁。成学社事件・前掲注(4)も参照。
25―アメリカン・ライフ・インシュアランス・カンパニー事件（東京地判平成24・1・13労判1041号82頁）、岩城硝子ほか事件・前掲注(15)。
26―ダイオーズサービシーズ事件・前掲注(17)。
27―アメリカン・ライフ・インシュアランス・カンパニー事件・前掲注(25)。

根拠事実となる。他方、当該正当利益が、長期にわたり、広い地域・業種・職種において競争力を持ち続けること、顧客勧誘禁止などの限定的な制限方法によっては守られないことは、公序違反の評価障害事実となる。

ある制限期間（例えば、2年間の競業制限）やある制限地域（例えば、全国規模の競業制限）などが公序違反の評価根拠事実となるか評価障害事実となるかは、正当な利益の内容等によって相対的に決せられるため、公序違反を判断するにあたっては、主として正当な利益をめぐる公序違反の評価根拠事実（職業選択の自由に対する制約たる当該競業制限を正当化しない方向の事情）および評価根拠事実（当該競業制限を正当化する方向の事情）の有無や比重を検討することが有益であると考える。

エ　代償措置等

【A説】代償措置を競業避止特約の有効要件であるという見解
　　・学説[28]
　　・少数の裁判例[29]

【B説】代償措置は競業避止特約の有効性判断の一要素であるという見解（私見）[30]
　　・代償措置がないか、十分でいえなくとも競業避止特約を有効とした裁判例[31]
　　・代償措置は、必ずしも競業制限との対価性を前提としておらず、要件化されているといえるほど定まったものがあるわけではない
　　・解釈論として、競業避止特約が公序に違反するかどうかという枠組みで判

28―小畑史子「退職した労働者の競業規制」ジュリスト1066号120-121頁（1995年）、野田進「労働力移動と競業避止義務」季刊労働法160号57頁（1991年）、西谷・前掲注(3)218頁など。

29―関東工業事件・東京地判平成24・3・13労経速2144号23頁。

30―確かに、諸外国では、競業避止特約が法的拘束力をもつためには、金銭給付などを要件とするルールも存在する。しかし、例えば、ドイツ法は、そのような要件を明確に定める制定法が存在し（商法典74条2項）、アメリカ法は、競業避止特約も契約の1つであるところ、契約法の一般的ルールとして、当事者間の約束が法的拘束力をもつために対価を要求する約因法理が存在するため、金銭的な給付を要求する法的な基盤が存在する点で日本法とは異なる。

31―ダイオーズサービシーズ事件・前掲注(17)、成学社事件・前掲注(4)、日本産業パートナーズ事件（東京高判令和5・11・30労判1312号5頁）。

断する以上、民法90条から代償措置等を有効要件として読み取ることはできない

　上記【B説】によれば、競業避止義務を課すことに対する代償措置等が講じられていないことは、直ちに競業避止特約の無効を導くものではなく、その公序違反の評価根拠事実となる。一方、十分な代償措置等が講じられたことや、代償措置等が不要な状況（例えば、(c)競業制限の範囲が(a)正当な利益を守るのに必要な範囲に十分に限定されている場合など）にあることは、公序違反の評価障害事実となる[32]。そして、裁判例を踏まえれば、代償措置等の内容としては、賃金や退職金、その他の手当の高額さ[33]を示すことが通常考えられるが、そのほかにもフランチャイズによる独立支援[34]や早期退職の割増退職金[35]を代償措置と位置付けた裁判例もあり、その内容としては（公序違反の評価障害事実として機能する程度には、当然、差があるが）様々なものが考えられる。

オ　その他公序違反の評価根拠事実・評価障害事実
・労働者の背信性
・特約締結の手続

(2)　競業避止特約の有効性以外に関連する抗弁・再抗弁
ア　競業避止義務規定（請求原因①❹）の合理性の評価障害事実
　もっとも、同規定の合理性の評価根拠事実・評価障害事実は、個別合意により締結された競業避止特約の公序違反の評価根拠事実・評価障害事実（前記(1)）と基本的に同じ内容である。

イ　損害賠償額予定の合意（請求原因③′）の公序違反の評価根拠事実

32―職業選択の自由の制約に対する代償措置は不可欠とまではいえないものの、重要な要素であると解する菅野和夫・山川隆一『労働法〔第13版〕』184頁（弘文堂、2024年）など参照。
33―モリクロ（競業避止義務・仮処分）事件・前掲注(4)、アメリカン・ライフ・インシュアランス・カンパニー事件・前掲注(25)、アフラック事件・前掲注(18)、レジェンド元従業員事件・前掲注(22)。
34―トータルサービス事件・前掲注(12)。
35―第一紙業事件（東京地判平成28・1・15労経速2276号12頁）。

前記2(1)ウにおいて、【A説】を採用し、競業避止特約に付随する賠償額予定の合意（請求原因③´）が、労働者が退職する前に締結されたものであっても、その効力を認める場合、競業避止特約（請求原因①）が「労働者と使用者との間の労働契約」の終了後を内容としているという事実は、労働基準法16条の適用を基礎づけるものではなく無意味（主張自体失当）である。また、被告たる労働者にとって、現実に損害が生じていないことや実損害が予定の賠償額よりも小さいという主張そのものも③´の合意に対する抗弁にはならず、無意味（主張自体失当）であるが、予定された損害賠償額が実損害額に対して過大であることなど、賠償額予定合意が公序に違反する（いわゆる暴利行為に当たる）ことの評価根拠事実を抗弁として主張立証することはできる。賠償額予定合意が無効となれば、原告は請求原因③および④を立証しなければならなくなる（賠償額予定合意の公序違反の抗弁を前提とする予備的請求原因）。また、実損害額が予定の賠償額に近いことは、賠償額予定合意の公序違反の評価障害事実になる。なお、賠償額予定合意は、全部無効でなく、その一部無効を通じて実質的に予定の金額から賠償額を減額するという構成がとられることもある。

ウ　差止めの必要性たる営業上の利益の侵害またはそのおそれ（請求原因③＊）がある状態の消滅

Ⅲ　競業行為を理由とする退職金の不支給

損害賠償や履行請求としての競業差止めなど契約としての効果を導かない点で、厳密には「競業避止義務」の問題ではないが、労働者の退職後の競業行為に対しては、退職金の支給を拒否するという対抗手段がとられることもある。また、使用者が退職金を支払った後に、労働者が退職後に競業行為に及んでいたこと、すなわち退職金規程の定める退職金の不支給条項に該当する事実が判明したために、使用者が労働者に対して退職金の返還を請求することも考えられる。

なお、退職金制度を根拠に発生する法律関係は、各企業における制度設計のあり方（退職金債権の発生する仕組みや規定の仕方など）に強く依存するため、以下で述べる整理からの一般化には限界があることは付言しておきたい。

116 講演3レジュメ

1 訴訟物

① 労働契約に基づく退職金支払請求権（労働者からの訴訟（別紙）【図4】）

② 不当利得に基づく退職金返還請求権（使用者からの訴訟（別紙）【図5】）

2 請求原因

① 使用者と労働者との間における労働契約

② 退職金の支給条件および支給基準を定めた規定

③ 退職金の支給条件に該当する事実（退職した事実）および支給金額の算定基礎となる事実（退職時の賃金額、勤続年数、会社都合退職であること[36]など）

3 抗弁以下

退職後の競業行為を理由とする退職金全部または一部の不支給[37]

① ❶就業規則上の退職金不支給条項

❷就業規則たる退職金規程の周知

❸条項等の合理性（労働契約法7条本文・10条本文）の評価根拠事実

② ①❶の不支給事由に該当する事実（退職後の競業行為や、❶退職後の競業避止義務設定規定＋❷退職後の競業避止義務違反など）[38]

ア　不支給条項の有効性

（ア）賃金全額払原則（労働基準法24条1項本文）との関係[39]

退職金債権は、一般的には、在職時に随時発生するという（賃金後払的性格

36—佐々木宗啓ほか編『類型別 労働関係訴訟の実務Ⅱ（改訂版）』〔鷹野旭〕587頁（青林書院、2022年）、渡辺弘『労働関係訴訟Ⅱ（改訂版）』270頁（青林書院、2021年）。

37——部不支給は「減額」といわれることが多い。

38—就業規則による競業避止義務の設定につき、私見では否定的に考えていることは前記Ⅱ2(1)イの通りであるが、退職金は、正に労働契約に基づく権利・労働条件であり（前記1）、退職後の競業行為を退職金債権の解除条件とすること（附款）は、「労働条件」（労働契約法7条本文・10条本文）に当たるというほかない。この点でも、純然たる退職後の「競業避止義務」と退職後の競業行為を理由とする退職金不支給とは場面が異なる。

39—前提として、支給基準が労働契約上定められ、それに基づき支払義務を負う退職金であれば、同条の「賃金」に該当する。

の非常に強い）もの[40]ではなく、支給条件に該当し、支給基準に基づく算定を経て具体的な金額が確定した、退職時点またはその一定期間経過時点で発生する（勤続中の労働者の功労を評価する点で功労報償的性格のある）仕組みになっていると考えられる。このように不支給決定時には賃金債権としてそもそも発生していないため、賃金全額払原則の問題は生じないと解されている[41]。要件事実論的な位置づけでいえば、不支給事由は債権発生の解除条件を定めたものであって[42]、懲戒解雇相当行為や退職後競業行為などの不支給事由に該当して解除条件が成就したことは、退職金債権の、消滅事由としてではなく（したがって全額払原則に反しない）、権利発生障害事由として抗弁になる[43]。

（イ）公序・合理性

　①不支給条項が労働基準法24条1項本文などの強行規定[44]には違反しないとしても、その内容が合理性を欠くことを理由に、就業規則の労働契約内容規律効に必要な合理性が否定されるか、公序違反となる可能性もある。このように被告たる使用者は、抗弁①❸の合理性の評価根拠事実を主張立証する責任を負う。もっとも、労働者の懲戒解雇（またはそれに相当する行為）があったことを不支給事由としている場合であれば、被告たる使用者が主張立証するべき抗弁として主なものは、次項イで述べる功労の抹消・減殺の評価根拠事実である。

　その理由は、まず、規定自体等の合理性が問題となるのは、基本的には、一般的・抽象的に定められている不支給事由がそれ自体として一見して不合理な場合であって[45]、通常は、不支給条項自体は合理的である[46]ことを前提に、

40―このような仕組みの退職金制度も存在しうる。中部ロワイヤル事件（名古屋地判平成6・6・3労判680号92頁）参照。

41―三晃社事件（最二小判昭和52・8・9労経速958号25頁）など。山川隆一『労働紛争処理法〔第2版〕』241-242頁（弘文堂、2023年）も参照。

42―菅野・山川・前掲注32362頁。

43―渡辺・前掲注36273頁。

44―退職金一部不支給条項が労働基準法16条に違反しないと判断した例として、三晃社事件・前掲注(41)。

45―「会社の承諾なく退職した」という不支給事由を不合理であると判断した例がある（東花園事件（東京地判昭和52・12・21労判290号35頁））ほか、「他への就職活動をした」という不支給事由も不合理だと思われる（ジャクパコーポレーションほか1社事件（大阪地判平成12・9・22労判794号37頁）参照）。

労働者の具体的行為が抽象的に定められた不支給事由に該当するかどうかが争点となるためである（後記イ）。また、実体法上、労働条件そのもの（労働契約法7条本文）または変更された就業規則（同10条本文）に合理性が肯定される場合において、別途、公序違反が成立する事態が容易には想定し難いため、上記合理性の評価障害事実の主張立証とは別に、原告による公序違反の再抗弁（評価根拠事実の主張立証）には実益がないものとも思われるためである[47]。

　一方、退職後の競業行為などを不支給事由としている場合、不支給事由該当性に加え、その不支給事由自体が労働者の職業選択の自由に対する制約となりうることから、その合理性（労働契約法7条本文など）や公序違反性も問題となる。したがって、使用者は、不支給条項の合理性の評価根拠事実（抗弁）や公序違反の評価障害事実（その評価根拠事実の抗弁に対する再々抗弁）を主張立証する責任も負う。そして、退職後の競業行為という不支給事由の合理性等は、競業避止特約の有効性（前記Ⅱ3(1)）と同様に判断されることが多い[48]。ただ、当該退職金制度の功労報償的性格から不支給条項の合理性を主たる争点にはしない一方で、職業選択の自由への制約を考慮して不支給事由を限定解釈した裁判例もある[49]。

イ　不支給事由の該当性

　当該退職金の功労報償的性格を考慮し、労働者の行為が、長年の勤続の功労を抹消（全部不支給）または減殺（一部不支給）するほど著しく信義に反する行為があった行為にあたるかどうかにより、不支給事由該当性を判断することが裁判実務となっている[50]。この功労の抹消・減殺も一種の規範的要件である

46―当該退職金制度が功労報償的性格をもち、勤続中の功労の抹消・減殺を理由とする不支給を定めたものである限り、不支給条項それ自体またはその追加は合理性（労働契約法7条本文・10条本文）を有すると解されている（山川・前掲注(41)242頁）。三晃社事件・前掲注(41)も参照。
47―佐々木ほか・前掲注(36)582頁。
48―ジャクパコーポレーションほか1社事件・前掲注(45)、アメリカン・ライフ・インシュアランス・カンパニー事件（東京高判平成24・6・13労働判例ジャーナル8号9頁）。
49―中部日本広告社（名古屋高判平成2・8・31労判569号37頁）は、「退職後6か月以内に同業他社に就職した場合」は、単にその事実があるだけでは足りず、「労働の対償を失わせることが相当であると考えられるような〔使用者〕に対する顕著な背信性がある場合」と限定解釈した。
50―荒木・前掲注(5)157頁、菅野・山川・前掲注(32)361頁。

と解されるため、その該当性を主張する被告たる使用者が、これを基礎づける評価根拠事実を主張立証し、その評価障害事実を原告たる労働者が主張立証しなければならない[51]。

　原・被告両者からの主張立証上の要点として、労働者の行為に現れる背信性の強弱、退職金の性格として功労報償的性格の占める程度、使用者の被った損害の大小・被害回復の容易性、労働者のそれまでの功労の大小、他の退職金不支給事例との均衡などが挙げられる[52]。

　退職後の競業行為を理由として退職金を不支給とするためには、退職金規程の不支給事由としてそのような行為が明示的に定められていなければならないか。

【A説】「使用者に損害を与える行為」のように定め方が抽象的であること自体は、不支給措置を否定するものではない（ただし、いっそう厳格な限定解釈が必要である）と解する裁判例[53]

【B説】競業行為などを不支給事由とする明示的な定めが必要であるという見解[54]

　もっとも、【B説】の立場を前提にしても、不支給事由として「退職後に競業行為に及んだこと」や「退職後の競業避止義務違反」が定められていないなど、不支給措置の根拠規定がない場合であっても、労働者の退職金支払請求権の行使が権利濫用（民法1条3項、労働契約法3条5項）に該当するという抗弁は成り立ちうる。そして、退職金支払請求権の行使が権利濫用に当たるかどうかも、労働者に功労の抹消・減殺があったかを考慮する裁判例がある[55]。ただ、

51―山川・前掲注(41)243頁、佐々木ほか・前掲注(36)592頁。

52―佐々木ほか・前掲注(36)592-593頁。

53―ベニス事件（東京地判平成7・9・29労判687号69頁）。

54―佐々木ほか・前掲注(36)597頁。古い裁判例で、「社の都合をかえりみず退職し、会社の業務に著しく障害を与えたとき」という一見抽象的な不支給条項に基づき、使用者を退職した後に同業他社の事業に参画してそこで中心的役割を果たそうとしていた労働者に対し、不当利得として退職金の返還を求めた例があるが、この事件では不支給事由として別に定められていた競業行為および従業員引抜きを注意的に具体化したものと解し、上記条項の該当性が判断された。福井新聞社事件（福井地判昭和62・6・19労判503号83頁）。

適用可能な不支給事由が存在していてその該当性が問われる場面と比較し、権利濫用が認められる範囲のほうが狭い可能性が指摘されている[56]。使用者としては、（労働契約法 7 条本文などの要件を充足すれば）退職金規程に不支給条項を定めることができた立場にあるのであるから、この指摘は妥当と思われる[57]。

ウ　使用者からの不当利得返還請求訴訟の場合

（ア）請求原因

①　使用者が労働者に対して退職金を支払ったこと

②　❶使用者と労働者との間における労働契約の締結

　　❷退職金不支給条項

　　❸就業規則たる退職金規程の周知

　　❹条項等の合理性の評価根拠事実

③　②❶の不支給事由に該当する事実（功労の抹消・減殺の評価根拠事実）

（イ）抗弁

・（請求原因②❷に対し、）条項等の合理性の評価障害事実（前記ア（イ））

・（請求原因②❹に対し、）不支給条項の公序違反の評価根拠事実（前記ア（イ））

・（請求原因③に対し、）功労の抹消・減殺の評価障害事実（前記イ）

※　不支給条項がない場合でも労働者からの退職金支払請求に対しては権利濫用の抗弁の可能性がある（前記イ）こととは異なり、不支給条項がない中で支払われた退職金について、使用者が不法行為（民法709条）に基づいて退職金相当額の損害賠償を請求することなどは困難であると考えられる[58]。

55—ピアス事件（大阪地判平成21・3・30労判987号60頁）、日本熱源システム事件（大阪地判平成24・2・24労働判例ジャーナル3号18頁）。労働者の行状等の背信性を考慮したアイビ・プロテック事件（東京地判平成12・12・18労判803号74頁）も参照。

56—佐々木ほか・前掲注36601頁、渡辺・前掲注36277頁。

57—東京コムウェル事件（東京地判平成15・9・19労判864号53頁）は、「規定の不備による不利益は、これを制定した使用者において甘受すべきである」と述べる。

58—佐々木ほか・前掲注36599頁、ソニー・ミュージックエンタテインメント事件（東京地判平成20・11・28労判974号87頁）。

Ⅳ　おわりに

＊本報告は、日本学術振興会科学研究費助成事業・基盤研究(c)「雇用終了後の競業避止義務の実現手段に関する比較法的展開」（課題番号：22K01197）による成果の一部である。

【図1　競業避止特約に基づく損害賠償請求の要件事実①―競業避止特約＝「労働契約」の立場から？】

訴訟物：競業避止特約に基づく債務の不履行による損害賠償請求権

請求原因

1 ❶XY間の労働契約の締結
　❷就業規則中の競業避止義務規定
　❸❷の周知
　❹❷の規定や変更(追加)に関する合理性(評価根拠事実)
　〔ⅰ〕競業制限の正当性あり
　〔ⅱ〕競業制限の範囲が合理的
　〔ⅲ〕代償措置が十分(不要)
　〔ⅳ〕労働者に背信性あり
2 Yが1の特約に違反した
3 損害の発生・数額
4 2と3との間の因果関係

抗弁

請求原因1❹の合理性の評価障害事実

請求原因1❷に基づくXの権利行使につき権利濫用の評価根拠事実

再抗弁

評価障害事実

【図2　競業避止特約に基づく損害賠償請求の要件事実②―競業避止特約≠「労働契約」の立場から？】

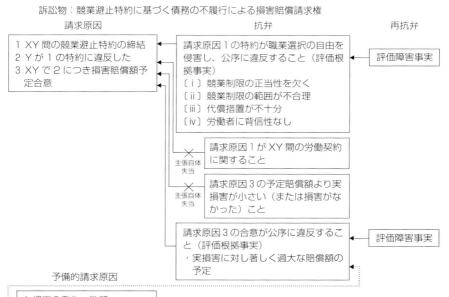

労働契約における競業避止特約をめぐる要件事実　*123*

【図3　競業避止特約に基づく競業差止請求の要件事実―東京リーガルマインド事件参照】

訴訟物：競業避止特約に基づく差止請求権

請求原因　　　　　　　　　　　　　　　　　　抗弁

1 ❶XY間の労働契約の締結
　❷就業規則中の競業避止義務
　　規定
　❸❷の周知
　❹❷の規定や変更（追加）に関　　◀──　請求原因1❹の合理性の評価障害事実
　　する理性（評価根拠事実）
　　〔ⅰ〕競業制限の正当性あり
　　〔ⅱ〕競業制限の範囲が合理的
　　〔ⅲ〕代償措置が十分（不要）
　　〔ⅳ〕労働者に背信性あり
2 Yが1の特約に違反した
3 営業上の利益の現実の侵害また　　　　　請求原因3の侵害状態の消滅
　は侵害の具体的なおそれ

【図4　労働契約に基づく退職金支払請求の要件事実】

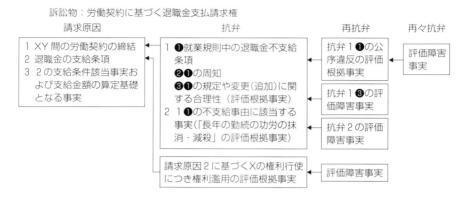

【図5　不当利得に基づく退職金返還請求の要件事実】

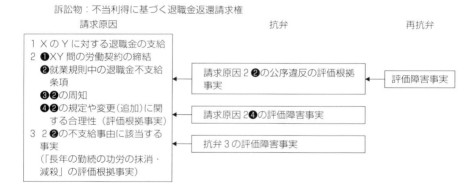

コメント

大平　健城

倉重公太朗

コメント 1

大平健城

1 山川隆一先生のご報告について

1.1 「客観的に合理的な理由を欠き」と「社会通念上相当であると認められない」の関係

1.1.1 実務上の運用から受ける印象について

労働審判等の実務上の手続き進行の場面においては、合理性の問題と相当性の問題を明確に区別せずに争点を整理しているケースが多いように感じられる。

それは、生の事実の段階では、合理性の問題であるか、相当性の問題であるかが不明確なケースも散見されることに由来しているものと考えられる（能力不足のケースだと顕著なイメージ）。

その意味では、実務的には一元説的な運用がなされているように思われるが、その合理性について議論したい。

1.1.2 要件事実上の位置づけについて

解雇には正当事由を要するとする説とほぼ変わらないとする運用があるということは実務感覚からも納得できるところではあるが、かかる理解を前提とすると、労働者側はいかなる主張立証責任を負うこと考えるべきかについて議論したい。

二元説を前提に要件事実を整理した場合、理論的には山川先生レジメ2⑵②記載のとおりとなるはずであるが、これまでの経験の中では、労働者側に「客観的に合理的な理由を欠くこと」や「社会通念上相当であると認められないこと」について、厳格に立証責任が求められている状況に出会ったことがない。

そうすると、労働者側から「客観的に合理的な理由を欠くこと」等について主張（権利主張？）があった場合には、使用者側が「客観的に合理的な理

由を欠かないこと」等について評価根拠事実を主張立証する責任負い、それについて労働者側から更に「客観的に合理的な理由を欠かないこと」の評価障害事実を主張立証するという構造になっていると考えた方が実態に沿うのではないか。

1.2 就業規則上の解雇事由の意義

1.2.1 解雇権を制限する就業規則の定めについて

実務感覚としては、基本的には例示列挙説が適当なものと考えているものの、やはり就業規則の定め方次第で、解雇権が制限される場合もあろうものと考える。

具体的には、「勤務状況が不良で改善の見込みがない」との解雇事由が定められている場合に、「勤務状況が不良」であると評価する基準（例えば「直近●ヶ月以内において●回以上の欠勤又は遅刻があること」等）を設けた場合には、その基準に満たない勤怠不良については、解雇できないと考えるべきであろう。

1.3 整理解雇の4要素（要件）の要件事実

1.3.1 要件説と要素説について

整理解雇もあくまで解雇権濫用の一場面に過ぎないことからすると、雇用慣行の変化に応じて、その運用も柔軟に変化していくべきものと考えるべきである。そうすると、「4要件」であることは合理的でないものと考えることとなるが、そもそも「4要素」にすらこだわるべきか。

例えば、ナショナル・ウエストミンスター銀行（3次仮処分）事件（東京地裁平成12年1月21日決定）は、検討内容が合理的であるかどうかはさておき、明示的に4要素には触れていないところ、このような先例をどのように位置づけるか議論したい。

1.3.2 要件事実上の整理について

山川先生レジメ5(2)aにて引用されるコマキ事件における判断構造を前提とすると、要件事実としてはどのような整理となるのか議論したい。判示をそのまま読めば、整理解雇における「3要素」については整理解雇を有効と

するための当然の要素であるようであるため、山川先生レジメ3記載の図における「抗弁」に位置付けられるようにも考えられるがどうか。

2　植田類先生のご報告について

2.1　自由意思要件の位置づけ

2.1.1　自由意思が認められない場合の効果について

植田類先生レジメ3記載の各最判の判示を俯瞰すると、「労働者の同意の有無」について、労働者の自由意思が要求されているものと見受けられる。

そうすると、労働者の自由意思が認められない場合には、当該同意により成立した合意は無効となるはずであるが、かかる無効は使用者側も主張し得るものであるかについて議論したい。

特に、給与制度の変更等において、利益的に労働条件が変更される労働者と不利益的に労働条件が変更される労働者が混在する場合において、利益的に変更された労働者との関係において使用者側がその無効を主張することが許されるのか。

2.1.2　自由意思要件の位置づけについて

上記議論を前提とした場合の自由意思要件の位置づけは如何なるものになるかについて確認をしたい。

仮に、労働者の自由意思が認められない場合の無効がいわゆる相対的無効のように考えられるのであれば、自由意思要件は合意とは別個の要件となる効力発生要件と捉えるべきであり、合意の主張に対する抗弁として位置づけられることになるのではないか。

一方、使用者側が労働者の自由意思がないことを理由に、労働者に対して無効を主張できると整理できるのであれば、労働者の自由意思にまつわる議論は合意の認定における事実認定の問題に過ぎないと捉えるべきものと考える。

3　植田達先生のご報告について

3.1　競業避止特約の有効性の判断手法について

競業避止特約の有効性については、競業制限の目的と手段とを審査する、い

わゆる「目的手段審査」のような検証過程を経て判断されるものと見受けられる。

かかる判断手法を前提とすると、植田達先生レジメⅡ３でも言及されているとおり、ある事実（主に競業制限の内容）が、他の事実（主に正当な利益）との関係よって、評価根拠事実となる場合があったり、評価障害事実となる場合があることとなると考えられる。

そうすると、競業避止特約の有効性を争う際の要件事実を整理することの難易度が高くなることが想定されるほか、実務上の問題として、競業避止特約を取り扱う一般の企業等において、その有効性の予測が困難なものになってしまわないか。

かかる難点を克服する方法として、競業避止特約について一定の類型化を進めていくことは考えられないか。原則として有効となるケースが類型化されていけば、一般の企業等にとっても競業避止特約が取り扱いやすいものになるほか、要件事実の整理もしやすいものと考える。

3.2 競業避止義務の設定について

本来的には、退職後は労働契約に基づく競業避止義務を労働者が負い続ける理由はないようにも考えられるが、職種や業務内容によっては競業避止義務を負うことを前提としないと、その業務遂行に必要な情報提供ができない場合も想定されるのではないか。

また、就業規則において競業避止が謳われていれば、それを理由とする退職金の（一部）不支給について合理性が担保しやすくなるのであって、実践的な意味合いからしても、競業避止義務を就業規則により設定はできるものと考えた方がよいものと考える。

もっとも、競業避止特約の有効性については、「退職した労働者の在職中の地位」等の個別的な事情が斟酌される側面があり、就業規則上の抽象的な定めだけでは、それが法的に有効なものと評価することは難しいように思料される。

そのため、入社時誓約書のほか、役職就任や業務関与の際に一定の誓約書を作成せる等の工夫は必要なものと考える（労働契約法12条との関係に留意する必要はある。）。

3.3 労働基準法16条との関係について

　上記理解を前提とすると、競業避止義務は労働契約の内容となっていることとなるところ、競業避止義務違反による損害賠償について損害賠償額の予定をすると、労働基準法16条に違反するようにも考えられるが、同条の趣旨は労働者の退職の自由を保障することにあることからすると、競業避止義務の設定は労働者の退職を妨げるものではないため、基本的には同条違反を構成しないものと考える。

コメント2

倉重公太朗

第1 山川報告（地位確認訴訟における解雇権濫用をめぐる要件事実）に対するコメント

1 解雇権濫用法理の合理的理由と社会通念上相当性は区別するか、一体か

(1) 実務家でも両者を分けて考えることは少ないので貴重な機会を頂いた。ただし、実務家でも二元説的な見解が有力とのことだが、裁判実務上、必ずしも両者を分けて主張しているあるいは裁判所が主張整理を試みている例は少ないと思われる。

(2) また、「解雇が客観的に合理的理由を欠くとして社会通念上の相当性に言及するまでもなく解雇無効」とする裁判例が挙げられており、その点は首肯されるが、その逆、すなわち「合理的理由」はあるけれども、「社会通念上の相当性」を欠く、という理由付けで解雇無効が導かれている裁判例はあるか。あるいは、どのようなケースがこの類型に該当しうるかについて伺いたい。

(3) むしろ、労働審判を含め、実務上の運用は一元説に近いものがあるのではないか。二元説のような判示になっていたとしても引用されている新日本建設運輸事件や日本電産トーソク事件も合理的理由の有無を補強する形で社会通念上の相当性の言い回しを用いており、単に審理不尽とならないよう用いているように思われる。

2 客観的合理的理由の問題か、社会通念上の相当性の問題か不明確な場合

(1) 「②警告・指導等を経ずに行われた解雇」については、懲戒解雇ではなく普通解雇を適用している例であると解される。例えば「著しい能力不足」という就業規則の解雇条項の適否が問題となっている場合、警告指導機会のないまま能力不足認定することは就業規則上の「著しい能力不足」該当性、つまり合理的理由の問題とも言えるのではないか。ただし、その理由は形式的に満たせ

ば良いというだけではなく、パフォーマンス改善に向けた指導の実があるか、退職に追い込むための無理な目標達成等形式的な指導でないかなどは社会通念上の相当性において考慮されるのが自然だろう。

(2) 山川レジュメの①・②に加えて、以下2つのケースについても問題提起をしたい。まず、③類型として「無期転換社員」のケースである。例えば正社員就業規則と無期転換者就業規則において解雇の表記が全く同じであり、「著しい能力不足」という同じ文言があったとしても、この解釈適用においては違いがあるか。同一労働同一賃金の論点で検討されるように、正社員と無期転換者には役割の相違があり、自ずから求められるパフォーマンスに対しても違いが出てくるとすれば、これは社会通念上の相当性で補う形になるだろうか。

さらに、整理解雇の場面において正社員と無期転換者が対象社員にいる場合、雇い止め法理における、契約社員と正社員の「自ずから差異がある」(日立メディコ事件最判)のような相違が発生するか。発生するとすればこれは社会通念によるものであろうか。

(3) ④ケースとして、「職種(勤務地)限定社員」の能力不足解雇である。山川レジュメ①ケースとは異なり、「職種(勤務地)限定社員」は異なる職種や勤務地への配転打診が不要であるため、他の職務なら円滑に労務遂行できるとしても当該職務への適正のみで合理的理由は判断可能であると解される。この無限定正社員と限定正社員の差異は社会通念で保管するという形であろうか。

3　就業規則上の解雇事由における限定列挙説と例示列挙説の相違について、包括条項の存在から実際上の差異は生じにくいというのは実務感覚とも一致する。また、懲戒解雇とは異なるため、就業規則が無い10人未満の会社で雇用契約書に解雇事由が記載されていなければ限定列挙説では解雇不可能という不合理な結論となってしまうことからも例示列挙説が妥当であろう。

4　整理解雇の4要素について、山川レジュメに異存はなく、あえて付け加えて論点を提示すれば、①「ジョブ型雇用においてジョブが消滅した場合」、②「事業所限定契約における事業所閉鎖」など、解雇回避努力を柔軟に検討すべきケースにおいて四要件説では硬直的運用となってしまうリスクが挙げられよ

う。

5　最後に、整理解雇の4要素については、冒頭の合理的理由・社会通念上の相当性二元説に立った場合、このどちらに位置づけられるか、あるいは両者を一元説的に補完関係のように検討するというべきか。

第2　植田類報告（労働契約における労働者の自由意志の要件事実的位置付けに関する若干の検討）に対するコメント

1　退職に当たっても自由意志が必要か

報告者が指摘するように、自由意志要件を独立した抗弁として位置づける場合、自由意志と再抗弁としての意思表示の瑕疵は両立困難であると解されるため、再抗弁としては意思表示の瑕疵の中で検討する形になろう。他方で、自由意思論はあくまで合意の事実認定の話であって、自由意志要件は不要という立場に立てば、抗弁として使用者側が主張するのは「退職合意の成立」となり、これに対する再抗弁として「動機の錯誤・詐欺・強迫」が位置づけられるであろう。なお、この点錯誤が無効から取消となったことによる実務上の影響（善意の第三者である健康保険組合等との関係）は何か生じ得るだろうか？

2　退職届と不更新合意の相違

判例上不更新合意については自由意志論が用いられていることと、退職届については必ずしもそうではないことを比較検討するに、社会通念上、その法律効果が一般的に認知されているか否かという差異があるものと解される（退職届の法律効果については一般人でも容易に認識しうる）。

3　その他書面

その他、労働者に不利益な合意という意味では、入社時誓約書において退職後の競業避止義務や秘密保持などを課すケースがあるが、これらについても自由意志論が妥当するか。特に、入社時は誓約書未提出の場合内定取消にもなり得るため、仮に自由意思が必要とすれば、これをどのように認定するべきか。

第3 植田達報告（労働契約における競業避止特約をめぐる要件事実）に対するコメント

1 就業規則による競業避止義務設定不可との見解について

　実務上は入社時誓約書を取り、そこに記載されているので問題が生じにくいであろう。また、入社時から就業規則に記載されている場合は10条の問題ではなく、労働契約法7条の合理性を有するかという問題であると解される。この7条合理性判断の中で有効性が検討されるのであろう。

2 競業避止特約に伴う損害賠償について

　競業避止特約に基づく損害賠償が労基法16条に抵触するかについて、裁判例脚注11は特殊業界における特殊例であり先例化することは困難であると解されるが、協業避止義務の有効性判断と同様に、合理性総合判断の問題となろう。

3 競業制限の範囲について

　期間については、競業内容や秘密にすべき内容との相関関係でどの程度の期間や地域性を考慮するべきかが変動するものと解される。そのため、競業制限の範囲は当該競業行為や秘密内容の性質を踏まえて主張される必要があろう。

4 損害賠償予定の合意の控除違反の評価根拠事実について

　ここでいう「一部無効」とは、「○○万円を超える範囲では無効」などという趣旨であろうか。

5 退職金不支給事由該当性について

　退職金規程の不支給事由該当性と功労抹消は同じ要件事実の議論であるか、それとも別個功労抹消の評価根拠事実を主張立証すべきか。例えば、退職金不支給を「懲戒解雇事由に該当するとき」として懲戒解雇は認められるケースでは、規定上の不支給事由には該当するとしても、別途功労抹消の有無が検討されるものと解される（図4のブロックダイヤグラム）。

6　退職金請求の権利濫用論について

　理論的には検討しうるが、これが認められた裁判例あるいは「認められるべき」想定ケースはあるだろうか（よほど悪質性が高く、規程では対抗できない穴を付かれたケース？）。

要件事実論・事実認定論
関連文献

永井　洋士

山﨑　敏彦

要件事実論・事実認定論関連文献　2024 年版

永井洋士

山﨑敏彦

　この文献一覧は、要件事実論・事実認定論を扱っている文献を、これまで
と同様に、大きく、要件事実論に関するもの（Ⅰ）、事実認定論に関するも
の（Ⅱ）（⑴民事、⑵刑事、⑶その他）に分けて、著者五十音順・発行順に整
理したものである。収録対象は、ほぼ2023年末から2024年末までに公にされ
た文献である。関連文献の取捨・整理における誤り、重要文献の欠落など不
都合がありはしないかをおそれるが、ご教示、ご叱正を賜りよりよきものに
してゆきたいと考える。

Ⅰ　要件事実論

飯尾 拓
　「〔講演２レジュメ〕相殺禁止規定（破産法第71条第１項第２号前段）における
　『主張立証責任対象事実の決定基準』について」田村伸子編『倒産法と要件
　事実［法科大学院要件事実教育研究所報第22号］』117頁以下（日本評論社、
　2024年３月）

碇 由利絵
　「司法試験予備試験から見る民事実務基礎教育」中央ロー・ジャーナル20巻
　３号99頁以下（2023年12月）

伊藤 滋夫
　「私にとっての要件事実の考え方──その過去と現在」租税訴訟17号37頁以
　下（2024年６月）

伊藤 滋夫

『具体的紛争を解決するための要件事実・事実認定・論証責任の基礎』（中央経済社、2024年9月）

今村 隆・加藤 友佳

『課税訴訟における要件事実論（4訂版）』（日本租税研究協会、2024年4月）

上拂 大作

「弁済の要件事実」山田誠一編『新注釈民法⑩ 債権(3)』392頁以下（有斐閣、2024年8月）

上拂 大作

「代物弁済の要件事実」山田誠一編『新注釈民法⑩ 債権(3)』399頁以下（有斐閣、2024年8月）

上拂 大作

「相殺の要件事実」山田誠一編『新注釈民法⑩ 債権(3)』608頁以下（有斐閣、2024年8月）

大江 忠

『第4版 要件事実民法(6)法定債権〈補訂版〉』（第一法規、2024年3月）

大江 忠

『第4版 要件事実民法(2)物権〈補訂版〉』（第一法規、2024年7月）

大江 忠

『第4版 要件事実民法(8)相続〈増補版〉』（第一法規、2024年7月）

大島 眞一

『完全講義 民事裁判実務［要件事実編］——民事訴訟の基本構造・訴訟物・

要件事実』（民事法研究会、2024年 5 月）

大島 眞一

『完全講義 民事裁判実務［実践編］—— 事実認定・演習問題（要件事実・事実認定)』（民事法研究会、2024年12月）

太田 幸夫

「基本通達と異なる評価方法による相続税課税処分と要件事実論（再論)」駿河台法学38巻 1 号99頁以下（2024年 9 月）

大野 祐輔

「債務不履行に基づく契約解除の要件事実」渡辺達徳編『新注釈民法⑾ Ⅱ 債権⑷』222頁以下（有斐閣、2023年 9 月）

岡口 基一

『要件事実入門 司法試験予備試験出題形式編（第 2 版)』（創耕舎、2024年 3 月）

岡口 基一

『要件事実入門 紛争類型別編（第 3 版)』（創耕舎、2024年 5 月）

岡口 基一

『要件事実マニュアル 1 総論・民法 1 （第 7 版)』（ぎょうせい、2024年10月）

岡口 基一

『要件事実マニュアル 2 民法 2 （第 7 版)』（ぎょうせい、2024年10月）

岡口 基一

『要件事実マニュアル 3 商事・手形・執行・破産・保険・金融・知的財産（第 7 版)』（ぎょうせい、2024年10月）

岡口 基一

　『要件事実マニュアル４　消費者保護・過払金・行政・労働（第７版）』（ぎょ
　うせい、2024年10月）

岡口 基一

　『要件事実マニュアル５　家事事件・人事訴訟（第７版）』（ぎょうせい、2024年
　10月）

加部 歩人

　「労働者の辞職・退職の意思表示をめぐる紛争の要件事実——医療法人Ａ病
　院事件（札幌高判令和４・３・８労判1268号39頁）を素材に（要件事実で読む労
　働判例——主張立証のポイント（第９回））」季刊労働法286号135頁以下（2024
　年９月）

河村 浩

　『個別行政法の要件事実と訴訟実務——行政法各論における攻撃防御の構
　造』（中央経済社、2024年３月）

岸 聖太郎

　「事業場外労働のみなし制に関する要件事実——協同組合グローブ事件（最
　三小判令和６・４・16労判1309号５頁）を素材に（要件事実で読む労働判例——
　主張立証のポイント（第10回））」季刊労働法287号124頁以下（2024年12月）

木村 真也

　「〔レジュメ〕コメント１」田村伸子編『倒産法と要件事実［法科大学院要件
　事実教育研究所報第22号］』162頁以下（日本評論社、2024年３月）

斉木 秀憲

　「課税要件事実に関する一考察」國士舘法學56号１頁以下（2023年12月）

齋藤 聡

「虚偽表示の要件事実」山本敬三編『新注釈民法⑵Ⅱ 総則⑵』95頁以下（有斐閣、2024年11月）

酒井 克彦

「消費税法上の仕入税額控除に関する要件事実論的検討（下）──転用不動産に係る課税仕入れの用途区分を巡る事例を素材として」税務事例56巻１号１頁以下（2024年１月）

酒井 克彦

『クローズアップ課税要件事実論（第６版改訂増補版）』（財経詳報社、2024年８月）

関根 澄子

「相続の要件事実」潮見佳男編『新注釈民法⒆ 相続⑴〔第２版〕』829頁以下（有斐閣、2023年８月）

竹内 努

「不当利得の要件事実」窪田充見編『新注釈民法⒂ 債権⑻』257頁以下（有斐閣、2024年12月）

竹内 努

「一般不法行為の要件事実」窪田充見編『新注釈民法⒂ 債権⑻』890頁以下（有斐閣、2024年12月）

武部 知子

「債権譲渡の要件事実」山田誠一編『新注釈民法⑽ 債権⑶』84頁以下（有斐閣、2024年８月）

田島 潤一郎

「退職金請求と退職後の競業避止義務違反による退職金不支給に関する要件事実——アメリカン・ライフ・インシュアランス・カンパニー事件・東京高判平成24・6・13労働判例ジャーナル8号9頁を素材に（要件事実で読む労働判例——主張立証のポイント（第7回））」季刊労働法284号144頁以下（2024年3月）

田村 伸子 編

『倒産法と要件事実［法科大学院要件事実教育研究所報第22号］』（日本評論社、2024年3月）

田村 伸子 ほか

「倒産法と要件事実・講演会 議事録」田村伸子編『倒産法と要件事実［法科大学院要件事実教育研究所報第22号］』1頁以下（日本評論社、2024年3月）

中島 弘雅・松嶋 隆弘 編著

『ケース別 一般条項による主張立証の手法——実体法と手続法でみる法的構成の考え方』（ぎょうせい、2024年7月）

中園 浩一郎

「錯誤の要件事実」山本敬三編『新注釈民法(2)Ⅱ 総則(2)』189頁以下（有斐閣、2024年11月）

中園 浩一郎

「詐欺・強迫の要件事実」山本敬三編『新注釈民法(2)Ⅱ 総則(2)』268頁以下（有斐閣、2024年11月）

中山 達夫

「整理解雇に関する要件事実——日本航空運航乗務員解雇事件・東京高判平成26・6・5労経速2223号3頁を素材に（要件事実で読む労働判例——主張立

証のポイント（第6回））」季刊労働法283号137頁以下（2023年12月）

野田 恵司
「賃貸借の要件事実」森田宏樹編『新注釈民法⒀ Ⅰ 債権⑹』618頁以下（有斐閣、2024年5月）

花田 健史
「規範的要件事実としての容易想到性（進歩性）の主要事実、その決定基準について——間接反証が成立した事例の検討を通じて」月刊パテント77巻7号86頁以下（2024年6月）

花房 博文
「〔講演3レジュメ〕担保法改正と倒産法の課題」田村伸子編『倒産法と要件事実［法科大学院要件事実教育研究所報第22号］』146頁以下（日本評論社、2024年3月）

日原 雪恵
「パワー・ハラスメントに関する損害賠償請求の要件事実——サン・チャレンジほか事件（東京地判平成26・11・4労判1109号34頁）を素材に（要件事実で読む労働判例——主張立証のポイント（第8回））」季刊労働法285号150頁以下（2024年6月）

村上 貴昭
「〈大阪民事実務研究会〉保険金請求事件の要件事実の整理と審理上の留意点——偶然性，外来性，因果関係を中心に」判例タイムズ75巻9号5頁以下（2024年9月）

毛受 裕介
「〔レジュメ〕コメント2」田村伸子編『倒産法と要件事実［法科大学院要件事実教育研究所報第22号］』176頁以下（日本評論社、2024年3月）

森 健二

「消費貸借の要件事実」森田宏樹編『新注釈民法⒀ Ⅰ 債権(6)』113頁以下（有斐閣、2024年5月）

森 健二

「準消費貸借の要件事実」森田宏樹編『新注釈民法⒀ Ⅰ 債権(6)』127頁以下（有斐閣、2024年5月）

山﨑 敏彦

「（書評）吉川愼一著『請求権基礎』を読んで」判例秘書ジャーナル（文献番号 HJ300020）（2024年8月）

山本 研

「〔講演１レジュメ〕倒産法における平時実体関係の受容と変容、および否認の局面等における要件事実に関する若干の検討」田村伸子編『倒産法と要件事実［法科大学院要件事実教育研究所報第22号］』104頁以下（日本評論社、2024年3月）

吉岡 茂之

「心裡留保の要件事実」山本敬三編『新注釈民法(2)Ⅱ 総則(2)』22頁以下（有斐閣、2024年11月）

Ⅱ 事実認定論

(1) 民事

足立 正佳

『ダイアローグ争点整理Ⅱ——契約の解釈、特に契約の成否に関する民法上の約束事を用いて』（商事法務、2024年5月）

志馬 康紀

「〈国際取引法学会 研究報告210〉ウィーン売買条約の日本での裁判例（5
件）：日本法の事実認定論との交錯（契約の解釈）」国際商事法務52巻5号539
頁以下（2024年5月）

橋本 英史

『講話民事裁判実務の要諦——裁判官と代理人弁護士の方々へ』（判例時報社、
2024年1月）

山本 敬三

「『契約の解釈』の意義と構造——事実認定・法的評価との関係」民商法雑誌
160巻1号1頁以下（2024年4月）

⑵　刑事

粟田 知穂

「刑事事実認定マニュアル（第17回）2項強盗における財産上の利益」警察
学論集77巻2号106頁以下（2024年2月）

粟田 知穂

「刑事事実認定マニュアル（第18回）詐欺における処分（交付）行為」警察学
論集77巻2号137頁以下（2024年2月）

粟田 知穂

「刑事事実認定マニュアル（第19回）詐欺における欺罔行為」警察学論集77
巻3号118頁以下（2024年3月）

粟田 知穂

「刑事事実認定マニュアル（第20回）横領における占有・不法領得の意思」
警察学論集77巻4号101頁以下（2024年4月）

粟田 知穂

「刑事事実認定マニュアル（第21回）背任」警察学論集77巻5号101頁以下
（2024年5月）

粟田 知穂

「刑事事実認定マニュアル（第22回）盗品等関与罪」警察学論集77巻6号137
頁以下（2024年6月）

粟田 知穂

「刑事事実認定マニュアル（第23回）常習性」警察学論集77巻8号74頁以下
（2024年8月）

粟田 知穂

「刑事事実認定マニュアル（第24回・完）営利目的」警察学論集77巻12号106
頁以下（2024年12月）

石田 寿一

「刑事事実認定重要事例研究ノート（第54回）論理則、経験則等違反——最
二小判令4・5・20刑集76・4・452を中心として」警察学論集77巻3号157
頁以下（2024年3月）

石塚 章夫

「歴史学と訴因——歴史学から刑事事実認定学が学ぶべきこと」法学セミナ
ー69巻11号43頁以下（2024年11月）

加藤 隆義

「事実認定の一つの方法（交通捜査のあれこれ（第8回））」捜査研究73巻8号
104頁以下（2024年8月）

吉弘 光男・宗岡 嗣郎

「事実認定における経験則と論理則——大森勧銀事件に即して(2)」久留米大
学法学89巻49頁以下（2024年4月）

⑶　その他

井奥 圭介

「ノーモア・ミナマタ第 2 次近畿訴訟、原告全員救済判決の理論と事実認定
（特集Ⅱ ノーモア・ミナマタ第 2 次近畿訴訟判決の意義と課題——原告全員を水俣
病と認めた画期的判決)」法と民主主義585号25頁以下（2024年 1 月）

坂尾 佑平・木内 敬・寺田 昌弘

「ケーススタディ 会計不正調査のコツと心得（第 3 回）ケース 1 ：架空取引
——③事実認定・事後対応」旬刊経理情報1708号46頁以下（2024年 4 月）

佐藤 英明

「事実認定⑴——その全体像（事例で押さえる 地方税務職員のための実践 行政
不服審査技法（第 8 回))」月刊税79巻10号175頁以下（2024年10月）

佐藤 英明

「事実認定⑵——行政不服審査法上の証拠（事例で押さえる 地方税務職員のた
めの実践 行政不服審査技法（第 9 回))」月刊税79巻12号239頁以下（2024年12
月）

宗宮 英恵

「〈事例をもとに解説！〉ハラスメント調査における事実調査の進め方・事実
認定の考え方」ビジネスガイド61巻12号42頁以下（2024年12月）

辻・本郷税理士法人 監修／辻・本郷税理士法人 関西審理室 編／山本秀樹 著

『徹底解説課税上のグレーゾーン——税務調査における事実認定と税務判断
のポイント』（清文社、2024年 3 月）

船渡 康平

　「事実認定と行政裁量⑴」行政法研究58号143頁以下（2024年11月）

矢田 悠・堤 大輔

　「事実認定の手法（監査役等のための不祥事対応の手引き　入門編（第6回））」月
　刊監査役769号45頁以下（2024年12月）

吉永 公平

　「自治体職員と事実認定の身近さ（自治体職員に身近な『事実認定』入門（第1
　回））」判例地方自治509号166頁以下（2024年4月）

吉永 公平

　「『物と人』という証拠の種類（自治体職員に身近な『事実認定』入門（第2
　回））」判例地方自治510号171頁以下（2024年6月）

吉永 公平

　「証拠の信用性と証明力（自治体職員に身近な『事実認定』入門（第3回））」判
　例地方自治511号178頁以下（2024年8月）

吉永 公平

　「人間の信用性の判断方法（自治体職員に身近な『事実認定』入門（第4回））」
　判例地方自治512号178頁以下（2024年10月）

吉永 公平

　「ストーリーと『動かし難い事実』（自治体職員に身近な『事実認定』入門（第
　5回））」判例地方自治513号170頁以下（2024年12月）

田村伸子（たむら・のぶこ）

法科大学院要件事実教育研究所長・創価大学法科大学院教授・弁護士
1994年　創価大学法学部卒業
1996年　司法修習生（50期）
1998年　弁護士登録（東京弁護士会）
2004年　法科大学院要件事実教育研究所研究員
2007年　創価大学法科大学院講師、2019年～現在　創価大学法科大学院教授
2015年　中央大学大学院法学研究科博士後期課程修了（博士）
2020年　法科大学院要件事実教育研究所長

主要著作

伊藤滋夫編著『要件事実小辞典』（共著、青林書院、2011年）
伊藤滋夫編著『新民法（債権関係）の要件事実Ⅱ』（部分執筆、青林書院、2017年）
保険法と要件事実〔法科大学院要件事実教育研究所報第19号〕（編、日本評論社、2021年）
行政訴訟と要件事実〔法科大学院要件事実教育研究所報第20号〕（編、日本評論社、2022年）
消費者法と要件事実〔法科大学院要件事実教育研究所報第21号〕（編、日本評論社、2023年）
倒産法と要件事実〔法科大学院要件事実教育研究所報第22号〕（編、日本評論社、2024年）

労働法と要件事実［法科大学院要件事実教育研究所報第23号］

2025年3月30日　第1版第1刷発行

編　者──田村伸子（法科大学院要件事実教育研究所長）

発行所──株式会社日本評論社
　　　　　〒170-8474 東京都豊島区南大塚3-12-4
　　　　　電話03-3987-8621（販売）　FAX03-3987-8590　振替　00100-3-16
印　刷──精文堂印刷
製　本──難波製本

Printed in Japan © TAMURA Nobuko 2025　装幀／図工ファイブ
ISBN 978-4-535-52859-8

JCOPY　〈(社)出版者著作権管理機構委託出版物〉
本書の無断複写は著作権法上での例外を除き禁じられています。複写される場合は、そのつど事前に、(社)出版者著作権管理機構（電話03-5244-5088、FAX 03-5244-5089、e-mail: info@jcopy.or.jp）の許諾を得てください。また、本書を代行業者等の第三者に依頼してスキャニング等の行為によりデジタル化することは、個人の家庭内の利用であっても、一切認められておりません。